世界を見ずして日本を語るなかれ

鈴木 博見
Suzuki Hiromi

文芸社

はじめに

私は海外ボランティア活動を2回体験しました。一つは現在、内戦中のシリアで2年間、もう一つは1991年の湾岸戦争直後のイラクやシリア、ヨルダンそれにイスラエルで3カ月間活動しました。それらを述べてみなさんの何かの参考にしてもらおうとこの本を書き始めました。

なぜ今かと言えば、私は現在64歳で、二人の子供も大学を出て社会人として頑張っていますし、私も長い間働いて、とくに一昨年まで33年間勤めた大手自動車会社を退職し、家族のために終《つい》の住処《すみか》を中古戸建ですが購入し、借金も全て返し、一段落したのがきっかけとなりました。

ま、現在は訳あって横浜市の西のちょっと古い戸建に一人で住んでいますが、やっと住み慣れて来たし、仕事も体が丈夫なら何歳まででも働けるというのもあります。

年寄りの自慢話にならないように昔の話をして自分の人生を振り返ってみる、それがみなさんの今後の参考になればと思ったのです。

ま、こういった方は多いかも知れませんが、前記のように私の場合は2度の海外ボランティア活動への参加と、それに伴い1日以上滞在した国が31カ国あり、トランジットのみの国を入れると40カ国に公・私含めて行って来ました。それらをできるだけ分かりやすく具体的に書こうと思います。

みなさん、我々が住んでいる日本は面積約37万平方キロメートルの島国ですよね。しかもその島国に人口が約1億3千万。そんなことはみなさん知っていると思います。その中で、我が国は資源が乏しいことが最大のポイントです。

とくに一番のポイントが油です。そう！　一番のポインは原油がなく99パーセント輸入ですね。この他にも食料自給率も39％パーセントです。とにかくこの小さい国が暮していくには海外との貿易が必要不可欠です。みなさんに直接関係ないとか思わないようにしましょう。自分たちの生活に直結しているのです。

と言っても神経質になり過ぎないようにしましょう。我々日本人は熱しやすく冷めやすい民族ですので、ほどほどでいいと思います。とにかくそういったことを理解し、普段の生活の中で少しでも無駄をなくし、心の中で「もったいない」と思っていけばいいと思います。

私が普段の生活で心がけているのは3S、整理・整頓・清潔です。でも、私は前記のように中近東に長くいたせいか？神経質ではありません。週末のみの掃除です。一戸建てに一人暮しですのでそんな感じです。食事も自炊ですが、いつも何でも多めに作り、密閉容器に入れて5、6個冷蔵庫に保存しておきます。

規則正しい生活を心がけてはいます。なにせ一人暮しだと食事時間やテレビも不規則になりがちですが、きちんと時間を決めて生活をしています。そして、ずっと前からラグビー好きで、今でも子供たちのために横浜のラグビースクールで教えています。子供たちに負けないように週1、2回家の周りをジョギングし、1回5キロか6キロをのんびり走っています。

2年くらい前は86キロあった体重が、現在は70キロでとても調子がいいのです。もちろんこれも体調が悪い時や悪天候の際は、家の中でスロージョギングと言ってつま先だけの走り方でゆっくり走ることもしています。何事も無理をしない方がいいのです。昔ラグビーやっていたので、膝や腰が痛い時がよくありますので無理はしません、というかできません。

とにかく何をするにも体が一番大事。私のように頭が悪くても行動でカバーできます。ともかく周りの人に迷惑をかけず悪い事をしなければ十分です。

今の仕事は毎日いろいろな所へ電車やバス、公共の交通機関での移動をしなければなりませんが、私はできる限り駅でも階段を利用しています。日々の中で少しでも足腰を使うように心がけているのです。

海外ボランティアなど海外に行く、海外で活動するということを考えると、英会話が必要となってきますが、私のように大学にも行ってないような者が、初めから英会話ができる訳がありません。私の場合はもう海外に行って恥をかきながら覚えていくという感じでした。同じ人間が住んでいるのです。どこへ行っても本人のやる気次第で大丈夫だと確信しています。

現在は外国人としょっちゅう会って英語を話すわけでなく、英語から離れてしまっていますが、とりあえずテレビで海外の映画などを見て勉強というか、一人でわけのわからないことを英語でしゃべったりしているのが現状です。

さて、話があらぬ方向に行きそうなので、本来、私が伝えたいこと、本題に入ることにしましょう。

目次

ロックそして車の世界へ

三人乗りで行った川泳ぎ

まずは簡単に私の生い立ちからです。

私は神奈川県S市の市役所近くの中心部で生まれました。当時は県営住宅街がありましたが、現在は地方庁舎になっています。

昭和26年9月に生まれ、27歳まで住んでいました。当時は市役所の他の公共機関などもあり、とにかく大変便利な所でした。小学校も家の前という感じでした。現在は中学校も併設していますが、私の中学校はバスで20分くらい行った所でした。

ここで両親の話をしますが、父親はすでに37年前に他界しています。父は旧海軍の航空隊で整備兵でした。実家にありますが、父は戦時中に旧海軍の当時のトップの連合艦隊司令長官山本五十六から「感状」を受けています。それは昭和17年5月27日付けです。

戦後は海軍で勉強したボイラー技士でわれわれを育ててくれました。父はとにかく酒やたばこは一切やらず、また、時計のように同じ時刻に出勤、帰宅をしていたのを鮮明に覚えています。

父は戦争体験の話をたまにしていましたが、自分は危険な体験をしながらも、自分の国は自分で守らなければならないとか、いつの世も世界を知ることが必要だとか言っていました。

今でもそれをよく覚えていますが、そういったことが、現在の私の考えの原点だと思います。ですから、私が後に青年海外協力隊に参加すると言っても、何も言いませんでした。

そんな父は私が29歳で協力隊から帰国して安心したのか、その数カ月後に他界してしまいました。父は自宅を購入し、これから楽できるという時に他界してしまいましたので、結局苦労しただけの人生でした。享年62。

すでに私はその歳《とし》を超えて生きています。私はというと、たばこは30年以上前に止めたものの、酒は飲むし、結構いい加減な人生を歩んでいます。

私が小さい時は貧乏でしたので、父は私と兄を自転車の前と後ろに乗せて何十キロもある道のりを、しかも途中すごい坂道も登って相模川に泳ぎに行ったりしました。これも今でも覚えています。それに比べて私は車を持っていたので、子供達とはどこに行くのも車でした。経済的にもそんなに貧乏というほどではありませんでしたので、子供を連れて海外旅行にも何回か行きました。

父親にはホントに苦労をかけただけでした。

母親は長生きしてもらい、東日本大震災の年に89歳で他界しましたが、やはり苦労をかけ通しで申し訳ない気持ちでいっぱいです。昔は内職をしたりしていましたし、私は海外に行ったりが多くて寂しかったと思います。

やはり昔の人は我慢強いし、子供達のために自分を犠牲にして頑張るというのはすごいですし、我々世代には理解できないかもしれません。みなさんは、どうでしょうか？　みなさんのご両親もそうではないでしょうか？

しかし、諺《ことわざ》にもあるように「親孝行したい時に親は無し」ということですね～。ですからいつも両親のことは思っております。

私の小学生の頃は、夏は水泳部で、その他には地域のクラブで野球やっていました。

私は下手《へた》でしたが、その時には人数が少なかったからやってたような感じです。とにかく、打てない守れない走れないのですから。私は性格も大人しく内向的で、友達も多くありませんでした。それに、小・中ともいじめられっ子でしたし。

水泳とロックとアルバイト

中学に入っても相変わらず大人しくて、夏は水泳部、その他はブラスバンド部でトロンボーンを吹いていました。

この頃から音楽とくにロックが好きで、まずはベンチャーズが大好きでした。でも我が家は貧乏でしたので、私は中学生のころからアルバイトをして、欲しいものは自分で買いました。ずーっとやっていた色々なバイトでフォークギターやエレキギター、それにドラムセットも購入しました。この時は親も迷惑したと思います。

しかし全て独学で弾《ひ》けるようになりました。バイトはずーっとやっていて、働きだして19歳で中古車も自分で買ったのです。とにかく色々なバイトをして貯金はしていました。欲しいものは自分で買う、これは自然と身につきました。

中学時代は水泳部でキャプテンをやり、ブラスバンド部では副部長をやっていましたが、他に人がいなかったのです。自分はそういうことをする人間とは思ってはいませんでした。マイペースで生きて行くという感じでした。そうなんです。私は決してえらい人間ではありません！

小学校にしろ中学校にしろ、もう長い年月が過ぎています。特にいい思い出があるわけでもないし、異性にももてず、記憶にありません。小・中学校時代、全くといっていいくらい勉強をしなかったのもあり、学校の成績も良くありませんでした。

自動車部

高校は結局、東京都郊外の大学の付属高校でした。もうここしかないという感じで他は受けませんでした。しかし、私立高校でしたので親には大変な負担をかけてしまいました。

この高校には自動車部があり当然入部しました。この時には将来は自動車関係の仕事に進もうともう思っていたのです。とにかく車が好きでしょっちゅう車をいじっていました。

それに音楽の趣味が同じ仲間がいたのでバンドを組んで、初めはビートルズ、その後ローリング・ストーンズ、エリック・クラプトン、レッド・ツェッペリン、ジミ・ヘンドリックスなどを練習していました。これらのミュージシャンは今でも好きで聴いています。

時々でしたが、学校がある駅近くのビルの屋上ビヤガーデンでも演奏したこともあります。お金は安かったのですが一応バイトでした。当時の私のパートはベースギターで時折ドラムもやっていました。ということで60歳過ぎても同じような曲を聴いております。やはり世界の三大ロックギタリストはすごい！　ジミー・ペイジ、エリック・クラプトン、ジェフ・ベック。

さて、それなりに順調に来ていた人生でしたが、やってはいけないことをやってしまいました。

高校1年の時に親が買った古い中古車は、主に兄が乗っていたのですが、たまたま誰もいない時に、私が勝手に乗って市内を運転してしまったのです。小さな路地で車とぶつかってしまい即パトカー。警察に連れていかれました。その後は裁判所に行ったりして大変でしたが、何とか学校には知らされずに済みました。その時も両親には大変な迷惑をかけてしまいました。

その後、高3の9月の誕生月には教習所に行き、待望の運転免許を取得しました。嬉しかったですね〜。

その後は家の車に兄がいない時など、親を乗せて買い物したりしていました。せめてもの親孝行に。ほんとに車は便利ですよね。これに携《たずさ》わることしか考えてませんでした。とにかく二度と若気の至り的なことはしないように真面目に頑張っていました。

修業？

そして、高3になって進路は県立の職業訓練所の自動車整備科一本で迷わずです。ここしかない！　お金もかからず資格も取れて就職率もいいので。そして、入学試験も通って無事に入学できました。

この時は1年間だけで、あっという間に終わってしまいました。ま、ここは金はかかりませんが、それだけ教材も古くて、やっぱりという感じでした。ほんとに基礎知識を学んだだけでしたが、とにかく資格を取れば就職にも有利だし、何でもいいやと思っていました。

最初の就職

翌年3級自動車整備士を取得し、県内のT社系の大手自動車ディーラーのサービスマンとして、すんなり入社が決まりました。この時ばかりは両親も一安心だったと思います。

そこで2年間実務を経験した後に、2級自動車整備士免許を取得しようと思ったのですが、そうは世の中スムーズにはいかないものです。

というのはS営業所のメカニックということで就職したにもかかわらず、半年足らずで他市に新しい営業所ができるから、そちらに行ってというのです。19歳の若者は逆らえませんでした。ま、とにかく整備ができるからいいやと思って異動しました。隣町なのでもちろん自宅から車で通いました。

そうです。S営業所に勤め出してすぐに下取り車を安く購入したのです。1100ccで古かったのですが、私としては貯金で買えたし最高の喜びでした。

とにかくいやいや行ったのですが、営業所近くの米軍キャンプの若者たちと仲よくなるという思わぬ出来事が待っていました。人生そんなものですね〜？　たくさんの外国人の友達ができました！　そしてその付き合いは長く続きました。

ところが、それからしばらくして上司に呼び出されました。何かと思ったらセールスマン研修制度があるのでやってくれ、と言われ、とにかく訳も分からずやることになってしまったのです。それから、スーツを買い即先輩とともに営業活動を始めました。

知らない家をいきなり訪ねて「車いかがですか？」と回ったり、全く初めての経験でした。いやいややっていたので、初めのうちはそれでも売れたのですが、数カ月後は全く売れなくなり、そのたびに上司に怒られました。

自分としては整備をやりたくてこの会社に入ったのに、なぜ営業をやっているのかとストレスを感じながらやっていました。それが何年も続いたので参りました、この頃は。このようなことがいつまで続くのかと思いながらやっていたので、それこそ悪循環でしたね。

ただ一時的にサービスに戻してくれました。それは、2級整備士を受けられるようになった時です。入社して2年後にまず県の整備振興会主催の実技講習を受けに公認で仕事を抜け出し、横浜の方に仲間と一緒に行きました。これが週2回だったか、3カ月間通いその後に学科試験を受けるのです。

この時もちょっとしたハプニングがありました。

実技が終わって後は学科試験だけという時に、知り合いから購入したレース用のゴーカートで近くの駐車場で勝手に走っていたら、ブレーキが故障しガードレールに衝突。一緒にいた友人が家の近くの病院に連れていってくれたのですが、左足首の骨折。そのまま入院してしまいました。

そのため国家試験を取ったのが友人たちより数年遅くなりました。全く親に迷惑ばかりかけていましたね〜。さて、資格を取ると営業に戻され、また憂鬱な日々をすごしていました。

海外へ

そこで１９７７年の4月から約1カ月間、見聞を広めたいと会社に申し出て承諾を得て米国に行きました。

それは以前、営業所にいた頃に仲よくなった日系人の友達が、自分たちが大学に行っている間に遊びに来いよと言ってくれていたのです。多分社交辞令とは思いますが、私はホントに遊びに行き、彼らのアパートを転々としました。

初めての海外—ロサンゼルス市ビバリーヒルズのホテル。有名人がよく来るとのこと。

主にカリフォルニアとアリゾナ州。巨大な国ＵＳＡ！　初めての飛行機でした。しかも一人で。ハワイを経由したのですが、その時に日本軍が奇襲攻撃した真珠湾を旋回したので、思わずここまで来たんだなという感じでした。
そして、ロサンゼルス空港に着いたときに感じたのは、こんな巨大な国と戦争して勝てるわけないな〜という、理屈抜きの直感でした。とにかく大変いい勉強になりました。みなさんも是非米国に行ってみてください。

その後、確か5年くらい経《た》った頃、神奈川県の便りを読んだ時に、たまたま目に留まったのが、「青年海外協力隊員募集」でした。ま、どちらにしても自分には無理だと思っていましたが、横浜市内の募集説明会に行って説明を受けて、とりあえず受けようかと思い、まずは1次試験の一般試験を受けると受かってしまい、自分でもびっくりです。

次に専門の筆記試験は、自動車整備士の試験問題と同じような問題だったのでこれも受かり、最後に面接試験を受けこれも受かり合格しました！　そして、健康診断も何も問題なく見事合格！　派遣先は何と！シリアでした。

自分でも信じられませんでしたが、とにかく合格したので、会社を辞めても行こうと思ったのです。早速会社に話すと、会社としては初めての例だが休職扱いにしてくれるということになりました。

それならそれでよかったと思い、結局会社には2年半の休職願いを提出し受理されました。やった！

青年海外協力隊

シリアへ

１９７８年度一次隊隊員は、当時渋谷区広尾の聖心女子大学裏手にある青年海外協力隊の事務局に2カ月、代々木のオリンピック村で2カ月の計4カ月間の訓練に参加しました。１９７８年4月から8月までの期間です。

この時は男女合わせて約80名のいろいろな職種の人たちが全国から集まり、これも自分にとって大変参考になりました。多種多様な職業によって生き方も全く違う人たちが、同じ釜の飯を食うということは、とても自分にとって有益でした。今でも友達が多くホントに良かったと思います。

訓練は朝起床してすぐにジョギング、朝食後、語学の勉強です。いろいろな外国語がありますが、私のようなアラブ諸国は、今はアラビア語があるようですが、私の時代はなくて英語のクラスです。6クラスありました。先生は白人の女性。

その他には海外事情の講義が有名な先生方によって行われ、みんなでスポーツやったり、夜は遊びに行ったりしていました。

たまに門限以降に戻ったりもしていました。塀を乗り越えて部屋に戻ったり。今でもいい思い出ですね？　そんなことで4カ月間はすぐに過ぎてしまい、終わる頃には現在の天皇陛下、当時の皇太子殿下にも浜離宮でお目にかかることができました。

訓練終了後、みんなと同じようにいったん実家に戻り、2年間留守にするための諸手続きや準備をしました。そして、出発日は78年8月12日。当時開港間もない成田国際空港から同期3名とともに発《た》ち、一路イランへ向かいました。私の他は獣医師と測量士でした。

テヘランで一泊した後シリアの首都ダマスカスに無事に到着。その時は当時赴任していた人たち約20人が空港に迎えに来てくれましたが、そのままホテルに行き、一息ついてから、日本大使館内にある協力隊事務所で歓迎会をやってもらいました。その時の印象は大変賑《にぎ》やかな街でちょっと埃《ほこ》りっぽい感じ。

ある時間になると、そこいら中にあるモスクのスピーカーからコーランが流れ、その間は全ての店は閉まるのを見て、ホントにビックリしました。1日5回もあるのです。日本では考えられないことです。

ま、世界には日本では考えられない国が多いのです。日本も海外から見れば不思議なことがありますが……。それは後ほど。

さて、私の仕事はシリア内務省警察の自動車修理工場でのチーフメカニックです。日本でいうと警視庁の自動車修理工場の現場責任者でしょうか。ディレクター（所長）も高級将校です。警察の階級は軍人と同じく呼びますので、私の上司は英国に留学していた大佐でした。日本でいうと警視総監ですかね？

身分証明証を作ってもらいましたが、それは日本の時代劇「水戸黄門の印籠」みたいなものでとても助かりました。例えばタクシーに乗ると外国人はよくぼられたりしますが、この警察の証明証を見せるとスイマセンという感じでほとんどお金も取りませんでした。そのため他の隊員にも重宝がられました。

ちなみに私の職場はその昔ローマ軍が造った城壁の中、しかも一部は刑務所という修理工場で、周りに遺跡というかすごい石がゴロゴロしていました。

修理工場で4カ月たった頃、ダマスカス市内の英会話学校に通い出しました。現地の人が多いのでアラビア語と英語の両方ができるようになると思ったのです。確かにだいぶ英語もアラビア語もできるようになってきました。しかも、現地の人で感じのいい女性がいたので、真面目に友達としてお付き合いしました。彼女の家は市内の結構なお金持ちで5人娘の長女でした。そういった現地の友人ができると、言葉はだいぶ速いスピードで上達するようになりますね。

ですが、当時は私のような外国人と外を歩くと周りに人が集まってきて大変なことになるので、なるべく車で出かけ車内や家の中で話していました。ご両親はいい方々でとくにお母さんはレバノン人でした。しかし、一番下の娘さんは足が不自由でした。将来は医者になりたいと言っていましたが、どうなったことやら……。現在のシリア情勢からみて今生きているかどうかも分かりません。

とにかく当時は夜一人で歩いても全く問題なく、たまに秘密警察に呼び止められても例の証明書を見せると非常に好意的で、時には車で自宅近くまで送ってもらったりしていました。日本では考えられないですね。

よく覚えているのは、昼間警察で働いている人が夜はバスの運転手をバイトでしている人がいたりするのです。私は知らずにバスで遊びに行って、帰る時にそのバスに乗ると何と！バス路線をはずれ、家の近くまで行ってくれ、びっくりしました。ほんとにシリアならではのことですよね〜。日本だったら他のお客さんに怒られますよね。

道路を勝手に渡るのも平気で、大きな道を信号なんか関係なく渡るのは現地では普通です。たまに日本に帰ってからもそうする人がいるのは困ったものです。私もそれは気をつけました。日本はその辺きちんとしていますからね。

ま、とにかくガールフレンドもできて楽しい日々を過ごしましたが、ホントにこの時は真面目なお付き合いをしていました。やはり私は異教徒ですのでまずいことになりますから。とにかく食事に行ったり普通に27歳とは思えないほど、真面目に付き合っていました。

郷に入ってはのんびりと

修理工場は他の公共施設と同じように、仕事は朝7時から、午後2時で終わりです。7時前に工場前のゲートで待っているると誰も来ず、あれ？と思ってたら、現地の仲間がそうじゃない、7時になったらボチボチ家を出るんだというのです。で、終わる時間にはその前にみんな帰宅してしまい、2時には誰もいなくなり、ゲートの自動小銃を持っている警察官に早く出て帰れ！とよく言われていました。

シリアでは男性が、パンやおかずなどの買い物をして帰宅するのが常識のようでした。しかも、仕事中もシャイ（チャイ）という中東独特のお砂糖いっぱいのお茶を飲むことが仕事といってもよく、私みたいに仕事していると、よく呼び戻されてお茶を飲まされたものでした。

ま、それが中東なのでとにかくみんなと仲よくやることが大事と思い、そちらも頑張っていました。そういう人と人の繋がりを作ることが、協力隊隊員としての重要な任務かと思います。日本国のために来ているんではなく、みんなと仲よく仕事をするのが最大の目的と言えます。

そんなことで日本とは違ってのんびりと仕事をシャイを飲みながらやっていました。で2時になったらとっとと帰宅。初めは日本円で5円ほどのバスで15分くらいの所の警察官の持っている、小さい一軒屋に住んでいましたが、途中から警察官の友人が東ドイツ製のバイクを持っており、それに家の大家《おおや》と三人乗りで通い出し、その後ずーっとその古いバイクで通っていました。もちろんヘルメットもなく、今考えると恐ろしいことですが、当時は私も若かったので平気でした。

周りの友人いわく全てはアルラー（アラー）の神の御心次第なのです。

要するに生きるも死ぬもこの世の唯一神である神が、全宇宙であるのです。現地の友人たちと約束しても、来るか来ないかはアルラーの神次第ということになります。来ないからと怒らずのんびり構えて、あ～今回はアルラーの神が行くなと言っているんだなというふうに考えました。そうなるまで時間はかかりましたが。昔から郷に入れば郷に従えです。何でも何とかなるさという考え方です。

我々日本人には理解できず難しいでしょうが、そういう国はたくさんあり、日本のようにきっちりやる方が珍しいと言えます。

私も初めはなじめずイライラしたりカッカしました。しかも現地の人は私が仕事を習いに来ているんだと思ってたようで、私がみんなと一緒に仕事し、教えに来たんだとボディランゲージで説明しても彼らは理解しません。

なぜなら、イスラム教徒は前記のように唯一神のアルラーの神を信じているので、一番偉いんだという、よく分からない理屈で言われるので参りました。宗教上のことは時として大変危険な場合がありますので、とりあえず理解したようにすることが必要です。ま、いいか?という感じです。

それに彼ら現地人がよく聞いて来るのが、なぜ日本人はアメリカと仲よくしているのだ?ということです。日本はアメリカと戦争して目茶苦茶やられ、原爆を2個も落とされたのに、なぜ仲よくしているんだ?というのです。

しかも現在も広島や長崎は人が住んでいるのかと質問してくるのです。広島や長崎はダマスカスより大きくてたくさんの人が住んでてきれいな街だよ!と言うと、みんなびっくりしていました。

中東は基本的にアメリカが嫌いです。なぜなら中東の敵であるイスラエルをバックアップしているからです。しかし、警察が使っているパトロール・カーはアメリカ製で、たばこやビールなどもアメリカ製が多いのです。その点、我が日本はおかげさんでどこに行っても評判がよくて、いいですね~。歓迎してくれます。

ある日友人と安いバーでビール飲んでいたら、見知らぬアラブ人に話しかけられ、日本人だと言ったら、なぜかその後のビールや食事をおごるよと言ってくれたのです。どちらの方ですかと聞くと、パレスチナ難民で何と「パレスチナ解放機構」のメンバーでした。

えっ！とびっくりしましたが、とにかく私はボランティアをしに来ているので、そういう政治的というか争い事は嫌いなのでと、断って別の所に行きました。そうです。以前いた日本赤軍の日本人のようにしようと彼らは思ったのかもしれません。危ないですね。

とにかく、こちらでは重要な公共施設やお偉い人が住んでいる所では、警察官もロシア製のカラシニコフという自動小銃を普通に持っています。職場の修理工場内もたくさんの警察官がカラシニコフを持っています。

これも初めは驚きましたが、慣れればどうということはないですね。たまに郊外へみんなと乗り合いバスや乗り合いタクシーで行くと、町外れの砂漠には戦車が埋まっており、何かあったらすぐにそこから出て攻撃するようになっています。そういうのは他のアラブ諸国でも当たり前のことです。

自分の国は自分で守るのです！　町に入る時には検問所がありますが、そこでも機関銃や中には戦車を攻撃するバズーカ砲も持っていたりします。私は町外れの砂漠をちょっとぶらついてた時に、戦車の連中に呼ばれて一緒にお茶を飲んだこともありました。

とにかく日本人だというとよくしてくれました。そんな時はみなさんがイスラム教について説明してくれ、お前も改宗すれば、とよく言われましたね～。答えはそのうちね？です。

その当時は普段は平和な街というか国でしたね。まさか、今のようなことになるとは夢にも思いませんでした。しかも、彼らにとって一番重要な宗教、イスラム教が現在のＩＳによって勝手にというか、全く違うものになってしまっていることが、私にとっても非常に残念でなりません。

本来のイスラム教徒は慈悲深くみんないい人たちでした。

彼らは仲よくなると、というか友達になると、自分の家族より大事にしてくれたり、食事も世話してくれたりします。今の日本では考えられないくらいです。私もだいぶ助けられました。本来のイスラム教徒には！

今のシリアや近隣のアラブ諸国については残念でなりません！

もちろん協力隊も随分前から派遣されていません。みんなさんご存知かと思いますが？

ま、とにかく宗教の話はこの辺にて。

どちらにしても現場での就業時間が短く、日本人の我々は終わってから何をすればいいのか戸惑ってしまいました。そうです。午後2時とは真昼間で太陽も高く、日本からシリアに来ていきなり、はい、午後2時になったから業務終了で、後は自由時間だ！と言われてもね。いいと思われるのは大間違い。実際この時間で仕事が終わって何をすればいいのか？　かえって大変でした。

しかも日本のように遊ぶ所もそんなにありません。シリアはバーやディスコもありますが、高級な所が多く、我々は安い飲み屋さんで現地のビールです。瓶ビールが横並びの場合、みんな瓶によって量が違うのです。とにかく安いので何でもいいや、と飲んでました。この国でお酒が飲めるだけいいやという感じです。

水もダマスカス市内は隣のレバノン山脈からの硬水で、そのまま水道の水が飲めました。主食のパン（丸い形のパン）は政府が価格を決めているので安く、野菜や果物も豊富です。肉はもちろん鶏肉・牛肉・マトンしかありません。イスラム教国は豚肉はありません。レストランもたくさんありますし、日本食もどきのレストランもありました。ちょっと高いですが。

さて、我々の楽しみは、イスラム教の安息日の金曜日が休みで、その時は日本大使館内にある協力隊事務所に行き、日本からの手紙などを受け取ることです。よく友達から日本ではやっている歌のカセットテープを送ってもらいました。お金は手当ということで日本国外務省から多少いただきました。当時のレートで6万円くらいで、贅沢しなければ普通に生活できました。何とか。

たまに映画館で映画を見ても全席指定席で当時のお金で50円くらい。ほとんどハリウッド映画でしたが、変な場面（例えばふしだらなもの）はカットされていたので、最終的によく分からないものになりました。ロシアとか東欧諸国の訳わからない映画もありましたが、暇つぶしには絶好でした。

映画館では始まる前に国家斉唱があり、当然全員起立します。こういうのは当然のことですね。日本の米軍基地内で映画を見た時も同じでした。我々外国人も同じように起立するのは当然です。

こういう国にいると、自分は日本人だということが自然と意識されます。いい悪いは別として、私は日本人で日本を愛しています。これは右翼や左翼ということではありません。どこの国の人でも誰しも愛国心はありますし、それが当然だと今でも思います！　誰でも自分の国は一番だと思っています！

見聞を広めよう

シリアも祭日というか結構休みが多く、そのたびに協力隊の友人たちと乗り合いバスに乗って、いろいろな国に行ったりしました。私がまず行ったのは北に位置するトルコでした。友人と二人で行きました。そして、我々日本人には経験できない「歩いて国境を越える」をやりました。

イスタンブールにて（1979年）

ま、何てことはなくゲートの移動で軽くパスポートを見せ、私は日本人、今回は観光ですと言って簡単に入れます。トルコ国内はベンツの大型バスで、まずは首都のアンカラへ行きました。ここは1泊で市内観光。次に向かったのは黒海沿いの美しい街イスタンブールでした。ここには3泊してじっくりブルーモスクや、港近くで海産物を食べたりのんびりしました。黒海の遊覧船で回ったりもしました。

トルコ語は英語とドイツ語が合体したような言葉です（失礼）。トルコは以前はアラビア語を使っていましたが、200年くらい前に言語改革をして現在の文字にしたとのことです。しかし、二度の大戦ではドイツと手を組んだので徹底的に他国からやられてしまいました。ドイツ敗戦後の奇跡の復興はトルコからの移民のおかげだと言われるそうです。

ドイツはナチスの時代に何をしたかをはっきりさせ、ワイツゼッカー大統領の演説やドイツ国会前にホロコーストの名前を彫ったものがあります。私の友人のドイツ人も高校時代に昔の捕虜収容所に行って勉強したと言っていました。反省しているから、現在もNATO軍の中で最強の軍隊があるのでしょうかね？

我々日本人は太平洋戦争のことを学校で教えているのかさえ疑問ですね？

太平洋戦争は日本軍のだまし打ちから始まったということは、どれだけの人が知っているのでしょうか？　アジア諸国の侵略は？　どうなんでしょうかね？　みなさんはどう思いますか？

さて、イスタンブールの次に向かったのはエーゲ海沿いの町イズミールでした。ここも、やはり海がきれいで、とくに夕日が沈む時は最高でした。今でも覚えています。それに海が近くイスタンブール同様、海産物が美味《おい》しく、やはり日本人にはいいですね。そして、国境に近い街アンタキアからシリアに戻りました。これで最初の「任国《にんこく》外《がい》旅行」は終りました。

この時はとても有意義な時を過ごしました。そしてダマスカスに戻り、またいつものように働いていました。たまにガールフレンドにも会いながらエンジョイしていましたが、なかなか周りに気を使いながらのお付き合いでしたので大変でした。ま、外国人と現地の若い女性、そう、当時私は27歳、彼女は24歳でしたので、一緒に歩いていると大変でした。知らない人が後ろから一緒にゾロゾロ歩いて来たりしていましたから。

前にも書きましたが、なるべく彼女の家とか彼女の車で出かけ、車内で話したりしていました。ホントに日本のように手も握らずに真面目な関係でした。それが外国人との付き合いというか、異教徒との付き合いかもしれません？

その時は日本で脅かされていたので、とくにイスラム教徒との付き合い方は仕方がなかったのかも知れませんが、今になって見ればいい思い出になりました。ま、現在の彼女のことは全く分かりませんが、生きているのかも？　後はアルラーの神のみぞ知るです。
とにかく我々人間は神の御心次第で、生きるも死ぬも決まるのかもしれません。もちろん生きている限りは一生懸命生きなければなりませんし、人のために生きなければいけないと思いますが、後は神様次第です。

ま、私のようなあまり能力もない人間は、とにかく一生懸命生きることです。子供とラグビーが好きなので、それを活かして子供たちに教えることが励みになります。自分なりに一生懸命にやっているのはいいことだと思ってやっていますが、みなさんはいかがですか？　とにかくこの歳になって、周りの人たちから誘われることがあれば、やった方がいいと私は思います。

日本人同士はダメです！

シリアでの人生初めての一人暮し。しかも小さいながらの一軒家での暮しは、不規則な生活で食事もろくにせず、というかできませんでした。安いバーで酒ばかり飲んでいました。

それも現地のビールや、アラックというブドウからできている、水を入れると白くなる現地の酒ばかり飲んでいたので、その後すぐに体調を崩し、結局急性A型肝炎で、約1カ月間現地で一番いいイタリアン病院に入院しました。

この時はこれで自分の人生が終わるかなと思いました。ホントに。顔や尿が真黄色でしたし、この時は7、8人に伝染しました。参りましたね。外国での初めての一人暮しだったのに。そういう不規則な暮らしをしていたという自業自得です。その教訓が今の一人暮しに役立っていると思います。ほんと。

現地での生活も4カ月も過ぎると、ガールフレンドのおかげで言葉も大分話せるようになりました。そして、退院後は自動車修理工場に復帰し、体調管理には十分に気をつけるようになりました。

この頃、日本から外務大臣などがダマスカスに来て、私も慣れない服装で面会し、みんなで写真を撮ったりしました。日本の商社マンとも仲よくなりましたが、彼らはとにかく日本人同士でしかお付き合いしないので、社会の底辺レベルの人間との付き合いはちょっと無理かな?という感じでした。

私は第三国の人や現地の人々と、とにかくせっかく海外に来ているのですから、日本人以外の人と友達になろうと思い頑張りました。協力隊の仲間と現地の人とのサッカーの試合をしたり、アメリカ大使館の有志とソフトボールの試合をしたり。いろいろやりました。

我々日本人はこのようなことが必要だと思います。私も当時英語もまともに話せませんでしたが、こういった交流には言葉よりも気持ちだとつくづく感じました。これこそ国際交流です!

ま～偉そうに書いていますが、それほど大したことはしてませんし、言葉も英語もアラビア語もそんなに話せません。ただ、アラビア語はガールフレンドのおかげでだいぶ上達はしましたが。

さて、1978年の冬は結構ダマスカスも寒く、緯度は福岡と同じと聞いていましたが、雪が数回降りビックリしました。そういう時は子供たちが集合住宅の上から雪を投げたりして日本と同じです。まったく!

ここは、お酒が飲める国なので、日本からの手当て（給料）が入ると、スーク（市場）の入り口に行き、手当て（3カ月分が半分米ドルで、後は現地通貨シリアリアル）を俗にいうブラックマーケットでいいレートで両替して、レストランやディスコへ行ったりしていました。

やはり物価は安かったので、協力隊の手当てが当時のレートで月6万円くらいでしたが、普通に生活してれば十分暮していけました。

その中でもお金を貯めて、次の休みは任国外旅行でエジプトへ行こうとか友達と約束したり、計画していました。せっかくこういう国に来たので、行ける所というか許可された国に国外旅行はみな行こうと思っていたのです。

シリアも結構休みが多く、その度にいろいろな所にバスなどで行っていました。バス代も安いし、乗る時はみんなすごい勢いで席取りをしますが、落ち着いて日本人だと分かると席を譲ってくれたりします。

とくに私が好きだったのは、たくさんありますが、現在ＩＳが支配しているパルミラの遺跡でした！

砂漠の中のグレコローマン時代（紀元前140〜紀元後300年頃）に造られた、その大きな遺跡が好きでした。私が行っている時も当初安ホテルだけでしたが、その後メリディアンホテルとかの高級ホテルができたりしていました。私はもちろん安ホテルしか泊まりませんでしたが。

今はその遺跡もひどい状況になっているようですので、とても残念です！

とにかくシリアはそこいら中に遺跡があるのでびっくりです。前記のように私の職場の自動車修理工場の中にも石がゴロゴロとあり、数千年前の遺跡というか、私から見るとただの石ころという感じでした。その道の研究している方々にとっては全くとんでもないと思うでしょうが。

ちょっとした休みの日は、ほとんど一人でバスに乗ってどこかに行っていました。とにかくバスもおおよそが安く日本円で数百円で大体の所に行けました。市内は5円で循環できました。ただ行先表示がアラビア語でしたので初めのうちはよく分かりませんでしたが、そういうのは習うより慣れろという感じですね。

日常話すアラビア語も私は手帳を使い1ページの半分に日本語でアラビア語の発音を書いて覚えるようにしていました。例えばアラビア語で「ありがとう」は「シュクラン」と書きます。こういうのをいつも持って現地の人たちと会話していました。もちろんガールフレンドとも。

やはり彼女との会話が覚えるのが一番早いのは言うまでもありません。3、4カ月でおおよその会話ができるようになりましたので、その後は現地の友人たちも増えました。

この年のクリスマスも、シリアはイスラムの国なのに、現地の若者はクリスマスだからお祝いしようとかで、みんなで飲んでました。1979年の年始も「ハッピー・ニューイヤー」ということで結局一緒に飲んでました。あれ?という感じでしたが、協力隊の仲間や現地の人と飲んでばっかりでしたね。

でも、さすがに前年に肝炎を発症し、何人もの協力隊員にも広まりましたので、あまり無理をせずに、きちんと規則正しい生活を送り、日々の食事も栄養を取るようにしていました。
ま、それは、今でもそうしています。やはり何をするにも健康というか体が一番と思いますので。私みたいに少々頭が悪くても元気であれば、何でもできるということだと思いますので。

それはともかく私は現地で協力隊や商社マンや大使館員以外の日本人とも知り合いました。今でも友人ですが、彼はなぜ当時シリアにいたかというと、彼のお姉さんがシリア人と結婚してダマスカスに住んでいたとのことでした。

彼は大使館でバイトのような形で働いていました。当時のユーゴスラビア人とアパートをシェアしていまして、私もみんなと食事やお酒を飲んだりしていました。

ある日、そう！　ユーゴスラビアの大統領チトーさんが亡くなった時に一緒にアパートにいたのでした。その時の彼らの表情は今でも忘れません！

とにかくチトー大統領はナチスドイツと戦い、勝利した英雄でしたから、そのショックたるや、我々日本人では考えられない感じでした。ホントに愕然《がくぜん》としていました。

もし、日本の皇族や政治家のおえらい方がなくなっても、日本人は誰も悲しんだりしないと思いますが、みなさん如何ですか？

その後のユーゴスラビアはみなさんご承知の通りです。国が分断しそれぞれで殺しあったりでとても残念です。それまでチトー大統領がいたのでみんな宗教や人種が違ってても仲よくしていたのに。

聞くところによると、当時のユーゴスラビアの50代や60代は人口が少ないとのこと。第二次世界大戦でナチスドイツと戦って亡くなったのです。その点は我々日本人とは違いますね。

当時の戦争映画で「ネレトバの戦い」とかがありました。今でもＤＶＤがあるかもしれません。それを見ると、戦車を先頭に来るドイツ軍に小銃や火炎瓶で応戦し、あるいは敵の武器を奪って応戦する形なので犠牲が多かったようです。

また、東ドイツ人と知り合った時は、まだ東西ドイツが分かれていたのですが、とても日本人としては理解し難い感じでした。同じドイツ人とはいえ、かなりかけ離れた感じでした。今では考えられないと思いますが。とにかく色んな国の人がいるもんです。

外国語は気持ちです

やはりいろいろな国の人たちと話ができることは、とても大事なことだと思います。日本人はそういうところがあまり上手とは言えないと思います。私も初めはそうでした。やはり万国共通の英語というか英会話に自信がないと、なかなかいろいろな国の人たちとは話せませんよね。

でも、そこは初めから恥をかきながら覚えようというか、一人でも多くの外国人と友達になろう！　という気持ちがあればいいと思います。とにかく私は日本人で、公用語は日本語で、英語は中学に入ってから、しかも文法とかが多かったのでできるわけないと開き直って、片言から外国の人たちととにかく気持ちでというか、ボディランゲージというか適当に話していました。

今考えると恥ずかしいくらいの英会話しかできませんでした。でも、大学出たわけじゃないし、こんなもんだという感じで、ホントに開き直っていろいろな人たちと話していました。

そういうのが結構楽しいですよ。所詮日本人にとって英語は外国語なので、初めからできるわけないですから、ホントに。とにかく恥をかこうが、話して仲よくなれば自然とできるようになるし、そうなればマナーも分かるようになり、それこそ一石二鳥ですよね。

とにかく同じ人間ですから、こちらが仲よくしようと思えば、相手も分かると思うし、そうなればいいわけですね。話の中身などは趣味や興味があるもの、何でもいいと思います。例えば映画ではどんなものが好き？　私は戦争物やアクションとか音楽は前記のようにロック（古いですが）とか〜。どれか一つくらい相手と合う内容があると思いますので、後は気合で頑張ってみましょう。

しかし、日本国内だと難しいかもしれませんね〜？　どこかの市町村がやっている異文化コミュニケーションパーティーみたいなものに参加するのもいいと思いますよ。

そして、英会話の勉強もただ高いお金出してのことより、私の場合はまずはＮＨＫ教育で以前やってた「セサミ・ストリート」を真剣に見て勉強していました。これはみんなさんもご存じの子供向けの番組ですが、私のようなレベルにちょうどいい感じでした。

それと、米軍の横田基地から発信しているＦＥＮ極東放送です。これも初めのうちは全く分かりませんでしたが、毎日聞いていると、何となく分かるようになってきますので、しばらくは聞いてみてください。そのうち分かるようになってくると思いますので〜。

とにかく一人でも友人ができれば、グングンと言葉ができるようになりますので頑張ってください。外国人の友人ができると、言葉だけでなく色んなことに対する知識が増えます。

私もいろいろな外国人と仲よくなって、だいぶいろいろなことが、広い見地で考えられとても良かったと思います。今の日本人にはとても大切なことだと思います。

後ほど書きますが、とにかく日本は日本だけで生きていけないのですから！

ここで、アラビア語のＩＢＭと言われる三つの重要な、いつも使われる言葉を書きたいと思います。みんなさんも是非覚えてください。

①まずは、インシャルラー――I
これはアルラーの神のご加護があれば～するという意味です。
②ボクラ――B
これは、明日という意味ですが、日本人が言う正確な明日ではありません。なんというか、明日かもしれないという意味です。
③マーレッシュ――M
これは、先程のインシャルラーでなかなか約束とかが守られない時に使います。要するに〝気にしない〟。英語で言うとＮＥＶＥＲ　ＭＩＮＤです。神の御心で動く動かないということなので一々気にしないということです。

そうです。我々が生きているのも神様の御心次第なのです。それがどの神様かは皆様次第です。

アラブ人と約束したらこのＩＢＭを考え、多少遅れても会えれば神の御心ですし、会えなければアルラーの神が会うなと言っているのだ、気にしないということです。

これを自ら理解するのには大分時間がかかりました～。ま、そういう国ですのでアラブは。そう思えばいいのでは？

でも、日本でそういうことを言うと、ちょっとまともな会社では使えない奴ということになってしまいます？　その辺は宜しく！

シリア国内探訪

さて、話を戻しましょう。

１９７８年です。この年もちょっとした休みのたびに一人あるいは協力隊の友人とバスでシリア国内に出かけていました。ダマスカスから南のダラーという田舎の町はヨルダンの国境に近い街です。ま、とくに何にもないですが、ちょっとした旅行にはいい所でした。バスで2時間くらい。

その後は北に向かい、中継地点のホムスや、バス停から見えた大きな水車が印象的なＨＡＭＡの町など、バスの中継地点が今でも印象的です。

その他、現在のアサド大統領の父親の出身地、地中海沿いの町ラタキアへは中継地点が一部レバノンにかかる小さな町で一休み。そこには免税店もありました。あいにく町の名前は忘れてしまいました。

ラタキアの町はよく夏などに行き、地中海で海水浴したりしました。現地の人たちの海水浴は、とくに女性は服を着たまま水際《みずぎわ》で遊ぶくらいで、我々も男性は自由ですが、女性はあまり過激な水着は駄目でした。

しかし、ラタキアの地中海はとてもきれいでした。やはり、近くに工場などがないためでしょう。しかも、ある日協力隊の仲間の職種「船長」と一緒に現地の漁船に乗せてもらい、手伝うことにしました。この時はもちろん陸地が見える範囲での漁でしたが、とても海の上が気持ち良かった！　上を見上げるとシリア空軍というか、ソ連（当時）の戦闘機が絶えず飛んでましたが。

漁で網を上げるのを手伝ったりして一通り終わると、獲れたてのエビなんかを船の上で食べたことは今でも覚えています。地中海の海の幸を存分に味わえました。最高でしたね！

しかし、その海からはレバノンや敵国イスラエルも見え、大変緊張する地域でした。私は一時的なことでしたので、まだ良かったですが、現地の方々は大変です。今現在どのくらいの方が生きていらっしゃるのだろうか？　つくづく平和な国日本に生まれて良かったと思います。

突然の銃撃戦

それで、とにかく隊員たちのアパートとかに行き、みんなで料理を作ったり、買い物したり、後片付けしたりしていました。もちろんお酒をたくさん飲んで～コミュニケーションを図りました。こういう時が一番幸せを感じていました。やはりなんと言っても同じ日本人同士ですね。別に私も民族を意識はしてませんが～。

また、シリア第二の都市、昔の城壁にできた町アレッポ。ここは大きな町で、あの有名なアラビアのロレンスも泊まった、由緒ある古いちょっとしたホテルにも泊まったりしました。

そこには当時日本のある大学の遺跡調査チームの人たちがいました。彼らが言うには週1回、あるいは2週に一度このホテルに来て風呂に入りさっぱりして、また砂漠の真ん中で遺跡調査をしているとのことでした。それも大変だなと思いましたね。お

1978〜80年シリアの青年協力隊の仲間
手前右端が筆者（写真が鮮明でなくスミマセン）

互い様かもしれませんが。

　ある時やはりチョットした休みに友人と二人で、シリアの北の外れのユーフラテス川沿いの田舎町デイリゾールという町に行きました。

　この町外れにある牧場に協力隊員がいるので会いに行ったのでした。そこは、長距離バスでダマスカスから一日がかりで行って、さらに現地の路線バスみたいな乗り合いバスで行く、行くにも大変な所です。我々のように都会に住んでいるのと大違いです。

　さて、牧場について挨拶。その日は

牧場内に泊まって、翌日みんなで町に出かけ、久し振りにユーフラテス川沿いの大変気持ちのいいレストランで、昼間からお酒を飲んだり食事したりしていました。

とにかく久し振りの仲間と現地の人と、楽しく飲みながら話をしてとても良かったのですが、ある瞬間にパンパン！　昼間から花火かな？と思っていたら、レストランの人が「撃ち合いが始まったからみんな逃げろ！」です。

えっ〜、すぐにバス乗り場に向かって固まって逃げました！　その時は目の前でも撃ち合ったりしていました！

とにかくバス乗り場までたどり着きましたが、そういう状態ではバスが動いているわけもなく、とりあえずバス乗り場の事務所に匿《かくま》ってもらいました。この時ばかりはヤバイ！　という感じでした。

その後は、シリア軍も装甲車やトラックで駆けつけて、その反政府軍？と撃ち合っていました。我々は、とにかくバス乗り場の事務所内で、静かに危険が去るまでいました。

どれくらい時間が経ったかわからないほど、とにかくじっとして、夕方やっと静かになり、軍隊が町の入り口に検問所を作ったので、ようやくまたバスで戻りました。その時の、重機関砲の音が腹に響く音で、これもいまだに忘れられません！　すごい音でした！　やはり戦争映画とは違います！

日本は、太平洋戦争後70年以上戦争はしてません。一応平和国家として歩んでいます。つくづく良かったと思いました。シリアは、それ以降もっとひどい状況にありますので。私が働いてた時の友人たちが何人生きているか？

もちろん翌日の一番でダマスカスに戻ったのは言うまでもありません。

とにかくそういう国なので、もう開き直って暮して行くしかありません。人間どこにいても、死ぬときは死ぬんだと思うようになりました。後は神様が私が必要であれば生かしてくれるし、そうでなければ死ぬしかないと思うようになりました。それまではきちんと真面目に？生きようと思うようになりました。

ただ、自殺はいけないというのはどの宗教もあるようです。どんなに辛くても生きていれば、いつかはいいことがあるはずです!!　それこそインシャルラーです。

みなさんもあまりがむしゃらにならずに、ちょっとのんびりというか、一歩下がっ

1978年友人とともに仕事のため砂漠泊
（昼は暑く夜はとても寒い）

て考えてみてはいかがでしょうか？そういう私は、あまり考えずにすぐに行動し、それから考えるというパターンで生きてきましたが。ま、人それぞれです。

別の協力隊の友人に協力するために、携帯用テントを持って砂漠の真ん中で暮らした時は、昼と夜の温度差や、真っ暗な砂漠がどんなものかも体験しましたが、これが結構怖い感じでしたね。当然夜は真っ暗で音もなく、大の大人が二人、狭いテントで寝るのはきついですね。一度限りで、それ以降はお断りしました。

とりあえず当時のダマスカスは、一応は平和で、夜も一人で私は歩いていました。

もちろん、拠点というか、政府施設や重要官僚宅前では自動小銃ＡＫ47、通称カラシニコフと呼ばれるロシア製の銃を警察官も持っていましたが、見慣れると何ということもなく、逆に日本に帰ってきて、なんで持ってないのかな?という感じでした。
いや〜、日本はなんて平和な国なんだろう!と感心しましたね。

アフリカ・中東で平和を考えた

「任国外旅行」ということでエジプトへ4人で行った時は、カイロでツアーを申し込みました。南にある王家の谷や、アブシンベル大神殿を飛行機から見ました。これはナセル湖ができる時に、ラムセス2世の巨像が沈んでしまうので、ユネスコの世界基金によって数十メートル上に移設したものです。ここは、スーダン国境まで数キロ、綺麗な所でした。

どこへ行ってもエジプトはすごい観光客でした。もちろん世界的に有名なカイロ博物館にも行きましたが、中に入り見学していると、職員がガイドするから金をくれと言われました。こういう公共の所でもあるんだな〜という感じでしたね。シリアも警察で働いていても、時間外はタクシーとかバスの運転手をしている人が多いので、どこにもあるのでしょうね？

エジプトはアレキサンドリアにも行き、やはり地中海でみんなで泳いだりしました。日本に帰国後に知ったのですが、アレキサンドリアのすぐ目の前の海でクレオパトラの遺跡が発見されました。エジプトもそこいら中に遺跡があるのです。すごいですよね。

エジプトと言えばピラミッド。もちろん旅の初めに行きました。その頃はガイド付きでピラミッドに登れました。

そうです、あの岩場を這いつくばりながら登って行き、頂上まで行ったのです。初めは怖かったのですが、頂上に登るととても景色もよく素晴らしい！　今はもう危険なので登れませんのでご注意ください。

我々は中の階段も登れました。テレビでよくやっている所です。密閉されている所なので大変蒸し暑く、登っても結局棺と思われる石の塊だけでした。いや〜大変でした。外に出てホッとしました。

友人たちとエジプトに任国外旅行（エジプト）

普通の人（観光客）があまり行かないスエズの町跡にも行って来ました。そこは軍の許可（簡単に取れました）が必要ですが、乗り合いタクシーで約2時間。目の前はスエズ運河、スエズの町は廃墟、すなわち1974年の中東戦争でイスラエルが破壊してしまいました。

町はとにかく廃墟で、壁という壁は機関銃の穴だらけ。屋根は全てふっとばされてなにもありません。しかも、町外れにはイスラエルの破壊された戦車があって、自由に見られ、乗ることもできましたが、やはり戦車の中はいまだに焦げ臭かった。それはそうです。人が乗っていたのですから。

それぞれの兵士には親がいて、兄弟・恋人たちがいるのはいつの世も同じです。

こういう所はシリアにもあり、私も行ったことがあります。クネイトラというやはり中東戦争でやられた町です。ゴラン高原の、現在の中立地帯にあり、ここも軍の許可をもらって行きましたが、壁も屋根も同じような状況でした。

アラブ側としては、イスラエルはこういうふうにひどいことをするのだ、ということを知らしめる目的で見せているのです。なかなかアラブとイスラエルの仲はよくはならないかもしれません。


とにかく、こういうことの始まりは紀元前からの話だそうです。

出エジプト記からの物語になりますので、我々日本人がとやかく言うことではないかもしれません。映画「十戒」の世界です。

モーゼがエジプトを出て地中海を渡り、シナイ半島を北上して現在のイスラエルに住んだというのです。その途中のシナイ半島の山で神からのお告げが、十の戒《いまし》めということで現在のユダヤ教の戒めになっているのですから。

こういう宗教の話はある意味、危険ですので、あまり深入りしないようにします。

とにかく、この付近は全て国民皆兵《かいへい》の国ばかりで、男女ともに高校卒業時に特別な理由がない限りは、みんな軍隊に入り訓練を受けなければなりません。ま、これは、我が日本の周りの国々もそうですね。中国・韓国・台湾・タイ・マレーシア・ベトナム・フィリピンとか。

なぜそうなのかというと、日本が大平洋戦争でそれらの国に攻め入ったからです。もう、二度とそのようなことがないように、世界の常識?である「自分の国は自分で守る」ということです。

これは、後でまた書こうと思いますが、ヨーロッパに行き、永世中立国スイスに列車で入った時に、そのとたんに銃、とにかく重装備の若者が列車に乗り込んできました。その若者と話すと、「国民皆兵で、一定の期間、指定された場所での訓練に行くんだ」とあたり前の口調で話していました。

どの町でも必ず武器庫もあるそうで、何かあった際は即臨戦対応ができるそうです。

ビックリしました！

彼らは日本もそうじゃないの？　昔はアメリカ相手に戦争したではないか？と言うのです。そこで、もちろん日本は自衛隊という自らの意思でしか行かない部隊のみだよ、と話すと逆にビックリしていました。それで大丈夫なのか？

日本はアメリカと日米安保条約に基づき、米軍の基地がたくさんあると言ったら、これもびっくりしていました。日本は憲法第9条で戦争を放棄しているから、現在の日本人はとにかく銃を知らないのだ、とも話しました。

そんな会話をスイスでしました。スイス人はみんな英語ができるというか、スイス自体が四つの言語圏があるのです。ま、そういうのは後ほど詳しく書く予定です。

シリア・ヨルダン・イスラエル

エジプトからダマスカスに戻り、その後も南の国ヨルダンに何回か行きました。砂漠の中のグレコローマンの都、映画インディ・ジョーンズ「最後の聖戦」の終りの方に出てきた岩山を掘って造った教会を馬に乗って見に行きました。「ペトラの遺跡」

です。

さらに南の突端のアカバ港。ここは第一次世界大戦時にアラビアのロレンスが、サウジアラビア半島を縦断し、途中の部族を集めて、トルコ軍の要塞を攻め落とした所です。ここからイスラエル側のアカバ湾の町エイラートも見え、そちらの方が綺麗になっていました〜。もちろん普段行くことはできません。行こうとすると双方から撃たれますので要注意です。

アカバ湾でも泳いだのですが、後で聞くとこの辺は人食い鮫がいるとのことでした。映画「ジョーズ」の舞台が紅海でした。遊覧船に乗り湾内を見た時も、船の床がガラス張りになっていましたが、そこには戦闘機や大砲などの残骸が見えました。

中東はこういう所ばかりなんです。どこも戦いの歴史ばかりですね。どこの国もそうです。古いか新しいかの違いだけです。

ヨルダンの首都アンマンは坂の多い街で、町の真ん中にローマ劇場もありました。多少傷は残っているものの数千年前に建てられたのは分かります。

ここは、いわゆる国家を持たないパレスチナ難民が多く住んでいます。中東戦争で現在のイスラエル（彼ら曰くパレスチナ）から逃げてきて、そのまま住んでいる人が多く暮らしています。

この国を見ても、工場などはほとんどなく、およそ観光で稼ぐしかないと感じました。とにかく一番イスラエルに面しているし、国自体がさほど大きくはなく、何があっても大変だなという印象でした。

シリアもゴラン高原からダマスカスまでは100キロぐらい、今の戦車だと時速50キロぐらい、1、2時間で来てしまいます。現在ゴラン高原のシリア側とイスラエル側には中立地帯があり、その真ん中付近には色んな国の軍隊が平和維持軍として駐屯しています。日本の自衛隊も確か最近派遣されていると思います。ダマスカス市内ではミャンマーの軍隊もいました。

今すぐに戦争はないと思いますが、こればかりは分からないですね。

イスラエルは歴史上散々虐殺や迫害を受けてきたので、世界最強の諜報機関「モサド」や、武器も自国で開発し、核兵器も持っています。アメリカ合衆国の実権もユダヤ人が握っているといってもいいくらいです。イスラエルの向こう側は地中海です。

二度と海に追い落とされないようにしているわけですね。国家生き残りのためすごいですね。やはり当然ですね？

とにかくシリア国内もたくさんの遺跡があり、その多くをこの目で見て回りました。ちょっと危ない目にも遭いながら……。


こういう国に来たら生きるも死ぬも神様次第ですので、結構開き直って普通に生活し、休みのたびにどこかに行くという感じでした。友人と予定を合わせたり、合わなければ一人バスであちこちに行っていました。当時はとにかく普通に平和というか、夜も一人歩きできました。とくに私は警察の証明書があったので。何度もこのＩＤカードで助けられたし、他の日本人を助けたりしていました。水戸黄門みたいでした。

仕事にも慣れ、大分みんなとコミュニケーション取れるようになった半年以降は、シャイを飲みながらのんびり働いていました。1年くらい経つと、だいぶ大きな顔をして職場の周りを歩き、試運転と言って自分で修理した車や他人が修理した車を運転して街中や町の外に出て、例のＡＫ47を撃ったりもしました。たまにですが。

とにかく職場が警察の自動車修理工場で、同じ敷地内に刑務所があり、機関銃が囚人たちを見張っているのです。そういう職場でしたが、見慣れてくるとどうってことはなくなって来ます。

毎日同じ職場の警察官の東ドイツ製の2サイクルの古いバイクに三人乗り（一人はいつも拳銃持っていますが）で、煙を吐きながら走って、職場への往復していました。日本じゃこれも考えられないと思いますが、ここはシリア、マーレッシュ！

ダマスカスの隊員の中で誰かが市内のテニスコートを借りられて、テニスをやったり、フォーク・ギターを持っていき、友人と3人で日本のフォークソングや現地の歌などを練習したりもしました。一度何かの市民祭に参加したりもしました。その時は日本の歌2曲と現地の歌1曲を歌いましたね。曲名は忘れてしまいましたが。

ということで、それなりに自分でもエンジョイしていました。やはり、いろいろ趣味が多い方がいいと思いますね。その方が日本人・現地の人・第三国の人とも仲よくなれます、というか友達になれます。とかく日本人は仕事しかしない民族と思われていますから。

海外で日本のことを考えた

これも前に書いたように、我々日本人は、欧米の人と違って、敵国だと思っている人が少なく、これはホントに助かりますね。どこに行っても自分の気持ち次第ですが、友達になれます。こういうのは言葉ではなく気持ちですね～。

言葉ができなくてもたくさん友達がいる人はいますよ。みなさん安心してください。我々日本人は外国人との接し方に慣れていませんが、とにかくボディランゲージで仲よくしようという気持ちがあれば、同じ人間ですから大丈夫です！

話は飛びますが、日本は日本だけで生きてはいけません。外国との貿易をしないと生きてはいけません。ということは我々も諸外国の人と仲よくして、貿易をスムーズにしていかなければなりません。これは日本の死活問題です。決して日本の商社マンだけ頑張ればいい訳ではないのです。みなさんはいかが思いますか？

我々は身の回りに何でもあるから心配ないとお思いでしょうが、シンガポールとインドネシアの間の狭いマラッカ海峡は、日本の生命線です！　日本がたくさん使っている油は、そのほとんどが中東から買っていますが、それらはマラッカ海峡を通って来ているのです。この狭い海峡がもし封鎖されたら、日本の備蓄量は1カ月と言っていますが、決してそんなには持ちません！

だからと言ってパニックになる必要はありません。ここ何十年も無事に貿易しているし、周辺国もちゃんと警備していますので、もちろん世界最強のアメリカ第7艦隊も絶えず巡回というか、演習していますので。

我々日本人はそういう現実を知り、とにかく冷静に英会話を勉強し、一人でも多くの外国人と仲よくするか、ひとつでも多くの外国を見て回ることが必要だと私は思います。決してハワイだけでなく。

私のお勧めは、まずはあの巨大な国アメリカ合衆国、それから開発途上国を是非見てください。ハエがたくさん飛んでいる市場とかゴミの中で生活している人たちとか。そういう所を見ると日本がよく見えてくると思います。

日本もすごい国です。１９４５年8月15日、東京や主要な都市のほとんどが焼け野原だったのが、戦後10年あるいは20年後にはかなりの復興を遂げ、現在に至っているのはものすごいことです。

これらは、全て日本人の先人たちが頑張って働いたからです。広島や長崎のように世界初の原爆投下があっても驚くべき復興を遂げたのです。

前にも書いたようにシリア人は広島・長崎に人は住んでいるのかとか言っていました。私がその写真を見せたらビックリしていました。ダマスカスよりよほど大きくてきれいな街です！　日本人としてその辺は誇りに思います！

さて、話がまた飛んでしまいましたが、シリアでの生活も1980年に入り、終わりに近づいて来ました。

この時期になると1日5回のお祈りで流れるモスクからの音にも慣れてきて、何か哀愁が漂い、心地好くなってきました。

それに、ガールフレンドとのこともいろいろ考えましたが、やはりイスラム教徒であり、長女ということもあり、日本で暮らすのは難しいとお互いに判断し、帰る直前に別れることとなりました。お互いに青春の良き思い出ということで……。

これもアルラーの神のご加護と思います。今でも良き思い出です。

1980年の8月にいよいよ任務の終了日が近づき、それまで仲の良かった友人たちや知り合った人たちへの挨拶回りもしました。もちろんガーフレンドにも。一期一会です。

人間誰しも出会いと別れはあるもんです。それで人間は成長していくと思います。何か偉そうに言っていますが、実は残念で仕方がありませんでした~。

どちらにしてもいつかは別れなければならないのです。日本人、シリア人、そして他の国の人たちですから。誰しも自分の国が最高と思っていますし、いずれ帰ることになります。私も。

海外に出て我が祖国日本が最高と思うようになりました。これは、決して右翼とか左翼とかではありません。誤解のないように。

ヨーロッパへ

大英帝国

シリアでの任期を無事に終え、その後は1カ月間ヨーロッパを回って帰ろう、と初めから思っていました。そういう許可をもらい1980年8月中旬に2年間いた「第二の故郷」シリアに別れを告げて、一路イギリスの首都ロンドンに向かいました。

初めてのヒースロー空港は大きな空港でビックリ。さすが大英帝国（ちょっと時代錯誤的な表現でした～）。

これからは全て一人旅です。まずはロンドン市内の旅。あらかじめ購入しておいた地図を片手にバスや地下鉄を利用し観光見物です。もう完全にお上りさんで、ガイドブック片手にうろうろキョロキョロしながら歩いていました。

とにかくピカデリー・サーカス（広場）まで地下鉄で行って一息ついて、次はソーホー地区（歓楽街）をぶらつき、その後は数日かけて大英博物館へ通ったのです。ホテルはB&B、安ホテルを探して泊まりました。

大好きなラグビーの本場トゥイッケナムラグビー場へは電車で中心街から30分。ものすごく深い緑が綺麗な芝生のラグビー場です。感動ものでした！　旧大日本帝国海軍は英国からいろいろと学び、昔から海軍兵学校や霞ケ浦の予科練でもラグビーをやっていたそうです。

そのラグビー場近くの家々には入り口のドア上に年号が書かれてあり驚きでした。さすがに大英帝国ですね。歴史もすごいですよね。戦前の世界地図によると、世界のほとんどが英国領でしたから。それが何百年も続いていたのです。

大英博物館の展示物をもし売ったら、英国民が数百年なにもしなくても暮して行けるということです？　たとえ植民地からの掠奪物であっても？

東西ベルリンとドイツの戦後

さて、英国を数日間見て、ビクトリア駅でドイツに行こうと思い立ち、ベルリンまでの切符を購入しました。当時はもちろん西ドイツです。寝台車の切符を購入し、まずはロンドンからドーバーへ。

その後は大きな船でベルギーへ渡り、また寝台車に乗って一路ドイツへ向かいましたが、この時たまたま日本人女性と出合いビックリ。彼女は日本食レストランで働きながら、ドイツ語の勉強をしているとのことでした。この時が人生初の寝台車でしたが、ベッドメーキング？はもちろん車掌さんがやってくれました。

まずはドイツ北部の港町ハンブルクに到着し、私もいったんそこで降りました。汽車で知り合った女性とは、折角知り合ったので、他の日本人女性と一緒に食事したり、観光案内をしてもらいました。

翌日には一人でベルリンへ汽車で向かいました。この時は順調にベルリン中央駅に無事到着！

夕方6時過ぎ、疲れていましたので、タクシーを捕まえ安ホテルを探してくれと英語で言うと、若い運転手さんは市内を探してくれました。ところがなかなか見つかりません。1時間くらいあちらこちらに行きました。私がもうどこでもいいよと言うと、結局世界最古のユースホステルとなりました。ベルリンのユースホステルが世界で一番最初にできたそうです。

初めからここに来れば良かったのに？という感じですが、とにかくいくら？と聞いたら、お金はいらない。いや～それはないよ、払うよ。彼曰く「私はプロのドライバーで、お客さんの言う通りに探せなかったから、お金は貰えない」というのでした。いっぺんにドイツが好きになりました！　さすが、真面目なゲルマン民族！

とにかく、初めてのユースホステルが首都ベルリン！　ま、何百年も建っている建物なので古くて、臭《にお》いもすごかったですが、とても感動しました。いきなりいい思い出ができました。

翌日は戦争当時の爆撃の跡が残っている大きな教会を見たり、ベルリンのシンボルブランデンブルク門も遠くから見ました。さらに翌日には、またバスで隣町の東ベルリンへと向かいました。

当時のチャーリー検問所で入国手続きというか、審査されました。東側の兵隊さんが銃を持ってバスに乗り込み、パスポートを確認してから入国です。

やはり東側は大変貧しい感じがします。とにかくあの壁は異様でした。とにかくあまりのんびり観光する時間もないためざーっと見て、またすぐ西側に戻りましたが、どこへ行っても綺麗な公園があります。町並みは綺麗だし、建物もきちんと並んでい

ベートーベン・ホテル（泊まったわけではありません）

ます。さすがドイツですな！　公園で小さな子供がはしゃぎすぎると、見ず知らずの大人が注意したりとさすがです。

ドイツ人は、前記のように戦争中にナチスが何をやったか、若者もよく知っています。高校生は夏休みなどにサマーキャンプとして昔のユダヤ人収容所に行くそうです。ワイツゼッカー大統領はハッキリと戦争に対し謝罪をし、国会議事堂前にはホロコーストで犠牲になった人たちの名前が墓標に刻まれているそうです。

ドイツはハッキリと謝罪しているから、周りの国からも信頼され、強力なＮＡＴ

O軍の中でも軍隊があるのだと思います。やはり、その点はどこかの国と違うように感じます……。

さて、その後はライン下りをし、マインツからコブレンツへ行き、のんびり船旅をしましたが、白人の老夫婦たちは船の上でダンスしていました。途中のローレライで日本語が書いてあったのにはビックリでした。

その後はドイツを汽車で回り、ミュンヘンやとくに好きな街ハイデルベルクやゲーテの家があるボンなど、いろいろと見て回りとても勉強になりました。ベートーベンとかとにかくドイツは医学・哲学・科学・文学、何を取ってもとても高いレベルです。これは驚きです。とにかくドイツはすごいと思いました。実際行ってみての実感でした。

しかし、ドイツの戦後の復興や現在の状況も素晴らしいという中で、隠れた問題があります。それはトルコからの移民のことです。

トルコは第一次、第二次世界大戦時にドイツに加担し、多くの移民がドイツに渡っています。そのまま住んでドイツ語しかできないトルコ系ドイツ人が多くいるのです。そのトルコからの移民の力があったからこそ、現在のドイツがあるのかもしれません。

スイスの若い兵隊さん

約1週間初めてのドイツを回り、その後は列車でオーストリアへ行きました。もちろん首都のウィーン。ここも歴史と伝統ある旧オーストリア・ハンガリー帝国、ハプスブルク家の支配する国でした。

まずは観光バスで市内観光。大きな宮殿を見ましたが、この宮殿ではモーツァルトが演奏し、マリー・アントワネットも聴いたそうです。そう言えば、ハプスブルク家歴代の当主の脳味噌が残っているそうですが、これは蛇足でした。

さて、次の目的地はスイスです。オーストリアから知らないうちに、スイス、チューリッヒというドイツ語圏に入りましたが、そういう時に前にも書きましたが、小銃などで装備した若い兵隊さんが何人も乗ってきます。いろいろと彼らと話しました。

スイスのイメージは、永世中立国ということで、なんと平和な国なんだろうと思うでしょう? 私もそう思っていました。

しかし、その平和は、国民皆兵で、優れた武器を持っており、スイスを攻めると大変なことになるということを、周りの国が理解していることによって成り立っているのです。決してスイスは「平和な国」だけではありません。

だからと言って、日本がどうこう言うことではありませんので、悪しからず。日本も法治国家で平和な国を維持しておりますので、いいとは思いますが……。みなさん如何お考えでしょうか?

スイスはみなさんもご存じと思いますが、一つの国の中に四つの言語圏があります。まずは、チューリッヒが中心のドイツ語圏、ジュネーブ中心のフランス語圏、南部のイタリア語圏、それに少数派で(ラテン語から派生した)ロマンシュ語圏です。ま、大体が英語ができるので、外国人との会話は大丈夫?です。

強制一泊

その後また、汽車と船でロンドンに戻ろうとしましたが、フランス・ドーバー海峡の船着き場、しかもホーバークラフト発着場で手続きすると、手荷物検査の時にパスポートを見られました。すると、シリアの渡航歴や変な写真が見つかり、私のみ別室に連れていかれました！　フランス語のような英語でよく分からず、結局一晩泊まらせられました。翌日、疑いがはれてホーバークラフトに乗れ、ロンドンに無事に戻れましたが。

次の目的地は米国の以前にも行ったロスアンジェルス。大西洋をひとっ飛びして無事にＬＡ空港に到着しました。

この時はもう１９８０年9月なので、友人たちは大学を卒業して働いていたので、あまり迷惑をかけない、長い滞在をしないようにしました。とにかく、今回はＬＡ周辺の友人だけで、シリアからの帰国報告のようになりました。

中でも何人かは結婚していて、お前も早く結婚しろよ！という話になりました。確かに、当時私は29歳でした。

会社とラグビーと海外出張

父の死と入社試験

1980年9月中旬に無事に日本に2年振りに戻ってきました！　その日は天気もよく富士山がよく見えたのを覚えています。やはり、富士山を見ると日本に帰ってきたなという感じですよね。しかも、2年振りですから。

そして、家族の迎えもあり、すぐに我が故郷に戻り、まずは父親に会いましたが、その時もう父は以前とは違い、病気が進んでいました。ちょっと残念でしたが、とにかく父に会えて良かった！が実感です。父は海外を見ることの必要性を海軍軍人の頃から思っていたのです。

その後、しばらくは協力隊事務局への帰国報告や、友人知人たちに挨拶して回り、もちろん当時休職していたT社系の自動車ディーラーにも挨拶に行き、お礼かたがた報告をしました。

しかしながら、結局は販売会社なので、会社に復帰しても営業に配属されてしまいました。営業所は替わっても仕事は変わることもなく昔と同じでした。

これは、まずいと思い協力隊事務局を通して仕事を探し始めました。移住を考えたりもしました。例えばカナダやオーストラリアとか……。でも、一生外国で暮らすのはさすがに抵抗がありましたので、日本の自動車会社の海外サービス部狙いで探してみました。

でも、協力隊の実績だけで行けるのかな？　大学も出てないけど……。T社やM社は無理そう。

そのうち、小さいけれど世界を相手にオートバイレースで勝った会社、その後も車造りに励み、結局フォーミュラー1世界選手権に挑んだ会社、H社の海外サービス部を受けました。他社も受けましたが、結局はここだけ真面目に?受けました。

そんな中で、父は母の誕生日3月15日（1981年）に他界してしまいました。日本に帰国後半年でした。

その後、本社で一日がかりで試験を受けました。英語がほとんどの試験です。それからの数日間は人生で一番緊張した毎日でした。結局2週間くらい経って、当時は電報で合格通知が来ましたが、この時は思わず飛び上がって喜びました。

この時合格通知が来たのが81年の5月15日、入社したのが6月15日、父の命日も15日、なにか不思議な縁です。

えっ、東京じゃない⁉

これで、晴れて、一流自動車会社の本社勤務。しかも、都内の一等地に毎日通うことになりました。やった！　すぐさまT社のディーラーに辞表を出し、帰国後8カ月後に無事に？円満退職させていただきました。

その後は1カ月くらい入社まで時間があったので、北海道へ初めての旅、しかも一人旅です。上野から列車で行くことにしました。この時も協力隊同期の獣医師の所に泊めてもらいました。

こういう時はどこへ行っても最高の気分でしたね。1週間ほど北海道を旅して、帰りはあのプロペラ機ＹＳ11で羽田に戻って来ました。今はなきこの飛行機搭乗は貴重な？体験でした。

6月15日に本社に初出社しましたが、本社は午前中小さな会議室で会社の説明を簡単に聞いて、食堂で昼食をとり、すぐに三重県の工場へ新人研修に行けとのこと。新幹線と近鉄特急の切符をもらって一人で出発。名古屋駅でちょっと迷いましたが、そこは国内、無事に近鉄特急で目的の駅に到着。タクシーで製作所に到着し、本社で言われたように人事の人を訪ねると、誰も聞いてないとのことで、ただただ唖然！ えっ？ そのうち偉い人が出て来て対応してくれ、やれやれでした。

まずは近くの寮に歩いて連れていかれました。その翌日から製作所に行って仕事です。周りはほぼ同年代でしたが、色んな人がいましたね。でも、現場は楽しかったですねえ。みんなとすぐに仲よくなれて、飲みにもしょっちゅう行っていました。

週末にはサーキットの近くの寮だったので、レースカーの大きな音が聞こえてきます。友人を誘って見に行ったりもしました。従業員は平日無料です。

普段は練習走行で、時間を決めて、バイクや小さいフォーミュラーカー、ツーリングカーといろいろなのが走っていました。その中でゴーカートでサーキットを走れたので、私も走りましたが、これは遊園地用のものなので安心でした。周りでは子供たちがゴーカートを運転していました。もちろん親御さんと一緒に。

サーキットは遊園地と隣接しているので子供たちにもいいと思います。交流技術館のような建物もあり、そこで子供たちとくに小学生たちにバイクのエンジンの構造が分かるように、実際にエンジンを分解して、組み立てもできる施設が好評でした。私も昔あった多摩テックでやったことがあります。

ま、とにかくそんなことで、毎日実際に工場の４輪の製造ラインに入って組み立てをやっていました。

いきなり海外出張

H社は普通の会社と違います。ある日仕事中に電話が入り、２カ月の研修が終わってないのに、海外出張行ってもらうけど、パスポートある？と聞かれ、ちょうど切れていますと言うと、では、すぐ神奈川に戻って申請して、と言われました。

えっという感じでした〜。すぐに実家に戻りパスポートを申請し、また工場に戻りました。

結局1カ月半で研修は終了し、本社に出勤して社内の挨拶もそこそこに、先輩と二人でいきなり海外出張です。行先はイラクとエジプト。

イラクでは私がアラビア語を話すと、現地の人はビックリです。ま、仕事の中身については話すことはできませんが、約1週間滞在して、次はエジプトに向かいました。こちらでも、私のアラビア語に驚いていました。エジプトでは仕事の関係で結構あちらこちら行けて、大変懐かしく思いました。

しかし、出張中は運動ができずにストレスを感じました。そのため、カイロの一流ホテルでしたが、部屋が確か20何階かで、私は階段を利用していました！ 入浴前には腕立てや腹筋もやりました。

カイロは2週間ちょっといましたが、途中で本社からの帰国命令が来て、先輩とともに帰国です。その後に当時のサダト大統領がパレード中に銃撃により死亡したとのこと。もしあのままパレードに参加していたら、我々もやられたかもしれません。やはりアルラーの神の御加護か？

とにかく無事に日本に帰国しては、普通の暮しです。地元から車で町田に行き、駅近くの駐車場に置き、その後は電車通勤です。

いつまた海外出張に行くか分からないので、定期券はいつも短い期間のを持っていました。

私のラグビー事始

さて、今までの会社と違い土・日休みの完全5日制、今までいつかはやってみたかったラグビーを始めようと、協力隊の友人のクラブにお世話になりました。トレーニングも自己流で頑張りましたが、全然下手で、他のクラブで勉強させてもらったりもしていました。

何とかまともにプレーできるようになるのは大変でしたが、とにかく友人のクラブ3チームくらいでプレーしました。会社にもよく片足を引きずりながら出社したこともあります。

その後しばらくしてから大分試合にも誘われるようになり、中には今はなくなった香港の航空会社のラグビー部からも試合の誘いが来ました。これはプレーヤーうんぬんではなくただ人が足りないからでしたが。ま、とにかく試合数を増やし自分でもジョギングや市の体育館などで筋力トレーニングをしたりしていました。

ラグビーは基本的に防具がないので、筋肉を付けて怪我《けが》をしないようにするのです。とにかくラグビーは格闘技ですから。きついですが、何かその魅力にとりつかれて、始めたのが20代後半、それからずーっとやっています。

香港の会社のチームと日本で試合した後、年末にみんなで香港に行き2泊3日、現地で日本チーム対香港チームで試合をしたりしました。試合はいつも負けていましたが、とても楽しい旅行でした。

海外こそ職場

仕事の方は毎年1回くらい中近東へ行っていました。そうです。私の配属先は海外サービス部中近東サービス課です。

日本の2級ガソリン自動車整備士免許や職業訓練指導員の資格があるので、仕事で使えます。この会社はバイクもあり、入社後勉強し、サーキットの2輪のインストラクターの研修も受けさせてもらい、インストラクターの資格も取りました。これもその後の仕事に役立つものでした。

一方で、仕事が終わってから友人たちと飲み歩いたりもしていました。相模原の田舎者が東京の真ん中で遊んでました。

入社して4年くらい経ったある日、上司に呼ばれました。

何かと思ったら、毎年いくつかの地域、もちろん中東ですが、日本からサービスマンを送り、現地のレベルアップを図っていましたが、その中で現地法人からレベルが低すぎて使えないと言われた場所がありました。会社としては現地との契約もあるので、誰か代わりに出さなければということになったのです。

その時一番動かしやすいのが私でした。当時独身でしたし。

急遽サウジアラビアへの短期駐在に行くことになったのです。現地のビザも友人を通して自分で大使館へ行って取り、単独でサウジアラビアに行きました。会社に入ってから何回も行っているので慣れたもんでしたが、これから1年お酒は飲めないなと思いました。大丈夫かな？

しかし、サウジに行って決定的にいいことがありました。それは、タバコをやめたことです。サウジは7月から物すごい暑さで直射日光では50度を超えます。そのためタバコ吸っても気持ち悪くなってしまうのです。これは良かった！

サウジでは車は貸与《たいよ》されていましたが、職場まで近かったので歩いて行っていました。とにかく暑い時も長袖でキャップを被り、濃い目のサングラスをして日陰の中を歩いていました。そうしないと危険です。とにかく太陽が日本とは全く違います。

1年1カ月いましたが、冬と言っても10度以下にはならず、しかも私がいた首都のリヤドは砂漠の中で一年中乾燥している所でした。実際仕事しているのは、フィリピン人やパキスタン人、それにアフリカから来たスーダン人、ソマリア人、エジプト人などでした。その中に私のような出稼ぎの日本人もいます。

砂漠の中のラグビー

さて、行って早々にやはり体がなまってきました。近くのサッカー場の周りは歩道があり、街灯も完備していました。外国人も多く、ジョギングをしていました。私も行ってジョギングを始めました。

そうしているうちにある日、いつものようにジョギングしていると、とある白人が近づいて来て一緒に走っていると話しかけてきました。

「あなたはどこから来たの?」

「私は日本人で、体がなまったので走っているんだ」

彼は英国人とのことでしたので、

「私はラグビー好きなんですが、こういう国にはラグビーなんてないからね〜」

と言うと、

「私はやらないけど、部下がここでもラグビーやっているから紹介してあげるよ」

と言ったのです。

電話番号を教えてもらい翌日電話してみました。電話に出たのは若い英国人で、リヤドでもラグビーやっているから一緒にやろう!ということで、場所と時間を聞きました。休みの前日、木曜日の午後、涼しくなる夕方から、町外れの砂漠の中でやるとのことでしたので、早速、練習に入れてもらうことにしました。

当日行ってみると、黄色人種は私だけで、やはり白人ばかりです。グラウンドは、私は慣れている、固い土に砂を撒いてあるグラウンドでした。でも、こういう趣味の世界であるラグビーをやる時は英国人たちも歓迎してくれました！

もちろん、イングランドだけでなく、スコットランド、ウェールズ、アイルランド、アメリカ人もいます。一人エジプト人がいましたが、彼は英国の大学に留学していたからラグビーをやっているんだということでした。繰り返しますが、日本人、いやアジア人は私だけでした〜。

彼らの英語も当然クイーンズイングリッシュでよく分かりませんでしたが、練習の時に覚えました。ちょっと分かりにくいですが、やはり慣れればということでしょう。彼らには我々の英語が世界の基本の英語だという考えがあります。さすが、大英帝国としての誇りがあるのです。とにかく、多くのスポーツの発祥の国というのは違いますね。

スポーツは、ある程度生活が安定してないとできないですよね？　例えば我々日本人も今の世の中だからいろいろなスポーツができますが、これが、もし戦争中とか政情が不安定な時にはできませんよね？

大英帝国は多くの植民地からたくさんの物が入り、豊かに暮していたのでいろいろなスポーツが昔からできていたのですね。とにかく歴史が違うので、ハード面では我が日本も頑張っていますが、このようなスポーツのソフト面では、まだまだこれからかもしれません。

体格も今でこそというか、戦後の食文化の変化により体も大きくなってきましたが、とにかくまだこれからかもしれません。一緒にラグビーの練習をしていても、同じ身長でも手が大きかったり、足が長かったり、私より大きくて重そうな人も一緒に走ると、私より速かったりしたもんでした。何か違うな～。同じ人間なのに。

しかも、同じ年なのに、彼らのラグビー歴はほとんど生きてきた年数ですし、シーズンオフも全く関係ない。スポーツをやるのは当然とのことです。確かにラグビーの練習もみんなとやる時は軽い練習で、これだけ？という感じでした。

そこで気づいたのは、そうか、みんなとやる時は軽くやり、その後の自主トレーニ

砂漠の中のラグビー（７人制）
イギリス人のクラブチーム、リヤドラグビーフットボールユニオンでフロントローでした。

ングに重点を置くのが欧米式だということです。日本みたいに小さい時から練習ばかりやって、根性主義では彼らに勝てないと思いました！

彼らは、短い時間にできるだけ効率的にトレーニングしているのです。そうすればやっているかやってないかは、私のようなシロートでも分かり、自主トレーニングをみんなが見てない所でもしっかりやっていれば、試合にも出られるということです。こういうことが違うんだなと思いました！

日本人は子供の時からどんなスポーツも厳しくやっているから、大人になってつぶれてしまう人が多いのでしょう？

欧米では子供の時はとにかく楽しむことを重点にやっています。ラグビーの試合もコーチは試合中、日本のように大きな声であれこれ言いません。子供たちだけでやる感じです。試合が終わって次の試合のために何が悪かったかを練習に反映するということだけです。彼らと一緒にラグビーやって、見る目が違ってきましたね。

こういうのももっと世界を見る必要性があると思います。日本の野球もみんなが見ている時に頑張り、テレビの中継も多すぎるのではないかと思いますが、いかがでしょうか？

ま、どちらにしても、私は身長170センチ、体重は増やして80キロで、走りも速くなく、フロントローのプロップで試合によく出してもらいましたが、日本人は私だけだったのでまだ良かったのでしょう。日本人チームでは英国人には勝てそうもないと、これも直観的に思いました。

私がサウジにいた1年1カ月は、結構あちらこちらに行って試合もしましたが、国が大きいので移動も大変でしたし、お酒はもちろん無し、食事も英国人と一緒なのでいまいちでした（ごめんなさい）。

ま、とにかく好きなラグビーを本場の人間たちとできて良かったということです！

転勤と結婚

1年1カ月の短期駐在を終わり、約1週間ロンドンで健康診断をやって帰国しましたが、私はこの前にまた問題を起こしました。

以前任期中に会社から行くなと言われていたフィリピンへ友人たちと遊びに行って

しまったのです。休みはちょっとした連休でしたので、自分でいいかと勝手に判断し行ってしまいました。1週間のんびりしてサウジに戻ると、本社から電話で文句言われ、帰国後は埼玉県の製作所に転勤と言われました。やってしまったな～？

なんとか日本に帰国。その後挨拶と手続き。その工場近くにあるアパートに引っ越しました。ま、いいか。自分のレベル自体がこの工場のレベルに合っていると思い、違和感はありませんでしたし、のんびりやればいいと思っていました。

しかも、配属先が完成車品質課とライン最終の完成車検査係なので、整備士の資格も活かせると考えました。当然交代制勤務は、初めは大変でしたが、すぐに慣れ、手当てもいいので結果オーライです。

そして、中古でしたがバイクを購入し、友達とツーリングに行ったり、かえって楽しい時間を過ごしました。ラグビーも埼玉県は盛んです。クラブに入り試合にも出ていましたし、会社のラグビー部にも入り一緒にやっていましたが、私は会社に余りこだわらずに、クラブチームが中心でした。

自由に生きていた時に、神奈川で一緒にラグビーをやっていた友人にある人を紹介されました。その人と何回かお付き合いして、結局30代後半にして結婚することにしました。ただ、結婚式はやらず、披露宴のみ横浜の中華街でやりました。

そして、数カ月間社宅に住みましたが、いろいろあって、埼玉のとある市の賃貸マンションに引っ越しました。これが西武新宿線の駅前でとてもいい所でした。

しかし、家賃も高いのでいろいろ探して、いずれは自分の家を持ちたいと思っていたので、同じ埼玉のT市に新築の建売住宅を購入しました。東武線のローカル線ですが、駅から歩いて5、6分の所です。建築中も何回か見に行ったりもしました。人生初めての自分の家は、やはりとてもうれしかった！

しかも、子供を授かり、これもアルラーの神の御加護でした！　初めが男の子で、翌々年には女の子でした！　結婚が30代後半と遅かったので、続いての出産となりました。

とにかく、自分の子供ができて嬉しくて、可愛くてしょうがありません。ですから、好きなラグビーも中断しました。家にいる時はオムツを替えたりもしました。休みの日は車であちこち子供と遊びに行きました。

そういう生活を数年して、とにかく子供中心でしたが、ある程度大きくなると、日曜日の午前中のみラグビーの練習、試合に行くようになりました。終わったらすぐに帰宅して、子供と一緒に遊びます。この頃から、奥さんもパートで働き出したので、子供たちは近くの保育園に預けたりしながら、育児も交代での生活をしていました。

そんな平和で幸せな生活でした。仕事も、すぐに資材業務室で平常勤務にもなったり、規則正しい生活にもなりました。

国連ボランティアとラグビー

無給休職

１９９０年後半から中東の雲行きが怪しくなり、１９９１年早々にイラク軍がクウェートに侵攻したとのこと。今の自分には関係ないと思っていたある日、新聞で「一般から国連ボランティア募集」の記事が目に入りました。

一応応募してみるかと軽い気持ちで、近所でタイプライターを借りて、履歴書や応募書類を作って、東京の国連事務所に送りました。

その後１週間くらい経った休みの日に、突然自宅に電話が来ました。

「国連ボランティアにあなたが決まりましたので、来週には中東に出国してください」

「そう言われても、ちょっと待ってください。会社の許可を取らないといけないから」

といったん電話を切り、翌日の返事とさせていただきました。

翌日出社して、すぐ上司の課長に話しました。

「国連ボランティアに選ばれて、すぐに中東に行きたいのですが？」

さすがに課長もビックリして、何だ、それは？という感じでした。それはそうですね〜。

課長はその上司というか本社に電話して、エライ騒ぎになりました。

ま、とにかく夕方には会社から、

「前例はないが、休職扱いにするから行って来い。その代り無給休職になるが」

ということで、とりあえずは許可が出ました。奥さんにも話し、家族はいったん横浜の奥さんの実家に行ってもらうことで納得してもらいました。

その後は準備に忙しくなり、何回か国連の東京事務所（これが我が会社のすぐ近くでビックリしました）で手続きをしたり、説明を受けたりしました。自分の旅の支度は慣れているので、さほど手間もかからず終わりました。

1991年3月初めに他の国連ボランティア二人とともに外務省に行き、当時の外務大臣のN氏に会い、それがテレビで報道されたり、大阪のテレビ局も取材に来ました。この時は横浜の家内の実家で取材を受けました。

3月8日にひとり日本を発ち、まずはパリへ。その後乗り継ぎでスイスのジュネーブに行き、翌日実務で関わるＩＯＭ（国際移住機関）の事務所に行きました。国連本部はニューヨークですが、実務はジュネーブです。ここジュネーブにはいろいろな国連機関があります。

そのＩＯＭで具体的な説明を受け、今回の手当てを受け取ることになりました。で、説明が終わってから、スイス銀行に一緒に行ってもらい、受け取る手当のほとんどを日本の家族宛に送金し、これでやれやれという感じでした。私一人くらいは何とでもなるのでこれで、一安心です。

シリア・ヨルダン・イラク

その翌日にはまた一人で、ドイツのフランクフルト経由で11年振りのシリアの首都ダマスカスに向かいました。ダマスカスに着いて国連事務所の職員が迎えに来て、私がいきなりアラビア語を話すと、やはりビックリしていました。

11年振りのダマスカスはだいぶ変わり、新しい道路がたくさんできていて、街も大分綺麗になっていました。

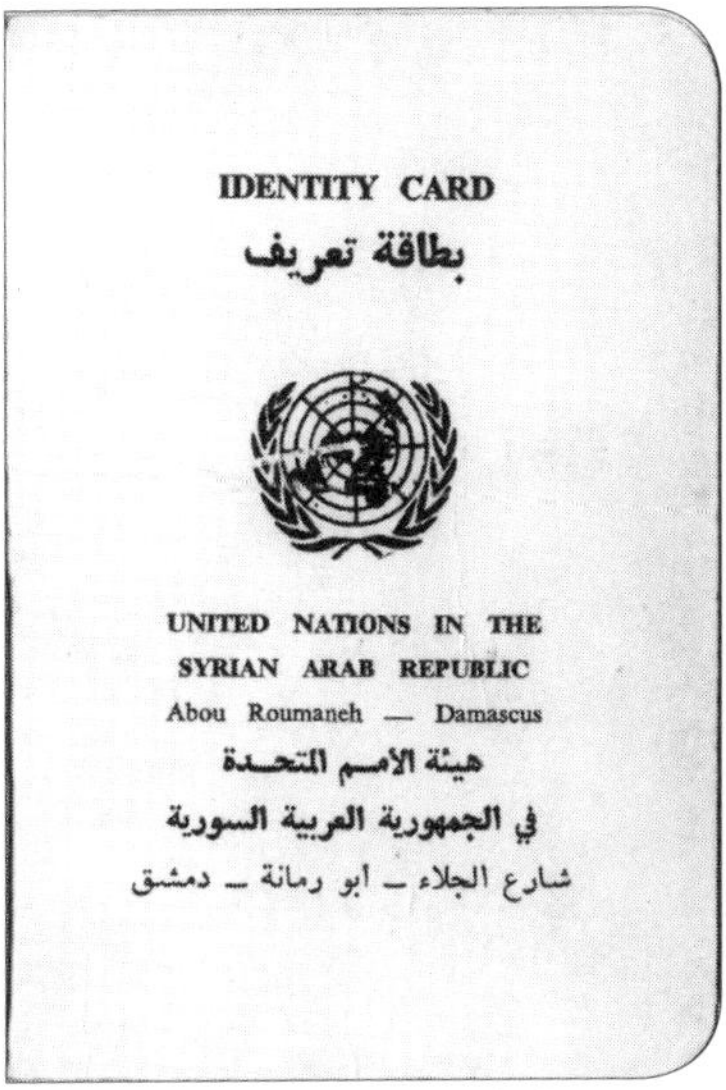

国連のIDカード2通のうちの1つ

11年ぶりのシリア、ダマスカス。だいぶキレイになっていました。

すぐに事務所で説明を受け、翌日には難民キャンプに行って、イラクからの難民（それこそいろんな国の人がいました）をバスに乗せ、一緒に空港に行って手続きをして、彼らの国々に帰っていただくようにしました。

なにせ彼ら発展途上国、例えばスーダンやソマリアの人たちは字が書けない人もいるので、様々な手続きや荷物をカウンターに出したりするのを手伝うのです。中には自転車やステレオ・家具類を持って帰るという人たちが多くて参りました。

なんでこんなものを持って帰るんだろう、といったところですが、彼らにとっては出稼ぎにきて帰ることになり、家族へのお土産《みやげ》でしょう。中には重量オーバーで料金を払わなければならない時もあり、私が払ったりしていました。ま、しょうがないですね。

仕事が終わってから記憶を辿って、昔世話になった人たちを訪ねたりしていましたが、ホントに懐かしさで感動的でした。もう、二度と来るとは思わなかったのに～。これも彼ら曰く、アルラーの神のおかげだ！

さて、1週間ほどすると、次はヨルダンに行ってくれ、です。自分でバスの切符を購入して、ヨルダンの首都アンマンへ。バスは綺麗で、全席指定席です。時間は約2時間。この時バス乗り場で日本人の若者と知り合いました。アンマンまで一緒に行きましたが、彼は世界中を旅しているとのことでした。

アンマンも久し振りでした。この時も夜になるとジープに機関銃がついている兵隊さんが、市内をパトロールしていました。

日本大使館にも挨拶に行きましたが、すぐさま国連の現地事務所に行き、同じように難民を空港やアカバの港まで連れて行き、帰国を促したりしていました。あっちこっち毎日大変でした。

しかし、以前と違い、市内を歩いていても子供たちがついて来たりしませんでした。昔は後ろについて来て大変でしたが。時代は変化しているんだなと思いました。

ここも約2週間いて、事務所から今度はイラクへ行ってほしいとのことでした。

この時は国連の職員やボランティアの人たちと友人になり、仲よく食事したり、お酒を飲みに行ったりしていたのに、すぐにお別れしたのは、まさに一期一会でしたね。

これはそういう仕事で行っているので仕方がないのですが。この時はパレスチナの人がとてもよくしてくれて、とくに残念でした。

イラクには車で行くのですが、アメリカ製の大きなバンに私の他に二人、運転手を入れて4人で行くことになりました。アンマンとバグダッドとの距離は約1000キロです。なぜ飛行機ではないかというと、当時はまだ多国籍軍とくに米国の戦闘機が飛んでいるので危険なのです。

え~という感じでしたが、仕方がありませんね。一緒に行くのは、モロッコ人女性、ヨルダン人ボランティア、私と現地の運転手でした。荷物を屋根に乗せていざ出発！とにかく距離があるのでのんびりと行きました。インシャルラーです。

アンマンの街を抜けると、その後はほとんど砂漠の中を走り、それがずーっと続いていく感じです。とにかく距離が約1000キロあるので、東京から札幌まで行っちゃう感じです。ま、単調な行程です。

同乗したモロッコ人女性は、以前ニューヨークの国連本部で働いていたそうで、英国にも留学していたとのことでしたが、なぜ女性がそんな危ない所に行くんだ？と聞いてみました。

「女性だからとか言うのは関係ない、困っている人がいたら助けるのが人間だ」

日本人の私がビックリするくらい根性があるというか、すごい！　こういう人が、イスラム教徒の国モロッコにもいるんだなという感じでした。

そういえば、ジュネーブで日本人の国連職員がたくさんいましたが、女性が多く、外務省から派遣されているようでした。

そうなんです。日本国政府は多額のお金を国連に出しているのですが、日本はいつもこんな感じで、お金とか後方支援をやっているわりに表に出ない国なんですね〜。仕方がないですかね。日本は軍隊がないし、大人しい民族でこつこつやる民族ですから。

やっとイラクとの国境にたどり着き、入国手続きをしたのですが、なかなか私だけビザが下りずにイライラ。ま、そこはインシャルラーですが、なぜか？　以前私が協力隊でシリアにいたことがいろいろと疑われていたようでした。とにかく散々待たされてやっとビザが下りました。そして、再出発。

イラク領内に入ると、あちらこちらにトラックや戦車の残骸が見られました。まだ、戦争が終わって間もなかったからで、時には鉄塔も爆撃で横倒しになっていました。そういうものを見ながら、とにかく一路バグダッドを目指しました。

アンマンから約30時間かかって、やっとのことでバグダッドに到着。まずは、一流ホテル内の国連の事務所に行き、挨拶もそこそこに活動を開始しました。

やはりどこも政府の建物は破壊されていましたが、近代戦はただ建物を破壊するのではなく、建物の内部のみを破壊する特殊な爆弾による被害が、バクダッド市内は多く、これには口をアングリでした。私は軍事に関して専門家ではありませんが、最近の武器の進歩は恐るべきものがあります。皮肉にも戦争のたびに進歩のスピードが増していきます。

まずは今までと同じように、難民たちを空港やバス乗り場に連れて行き、彼らの国

北部イラクで破壊されたイラク軍の戦車

バグダッドの政府関係のビル。新型爆弾で内部のみ破壊されている。

に帰します。相変わらずすごい荷物をみな持って帰ろうとするので、これで飛行機が飛ぶのか?と思うくらいでした。

1週間くらいすると、事務所から今度は北イラクへ行ってくれとのことでした。しかも、車は提供するから自分で運転して行ってくれというのです。

ま、自動車会社の人間ですから、運転するのは構いませんが。他にドイツ人やブラジル人たち5人の5台で一路北イラク、クルド人居住地域へと向かいました。

途中の村や町はことごとく破壊されていました。ちょっとした建物のほとんどが爆撃などで破壊されていました。聞くところによると夜に爆撃したようでした。

とにかく、クルド人地域のホテルに着き、早速仕事を開始、トルコとの国境へ行きます。主にクルド人たちを適当な場所に連れて行き、そこに住んでもらうのです。ここは、高度も高く軽井沢のような感じで、気持ちいいのですが、冬は大変だと思いました。

活動していたある日、いつものようにトルコ国境近くで難民たちを誘導している時に誰かに呼び止められました。小便をしようとしていた時でしたが、振り返ると、やめろ！　その辺は地雷が埋まっているぞ！と言われ、小便が出ず、その場を避けて安全な所に動きました。フーやれやれ、危ない！

地雷はソコイラ中に、イラク兵が逃げる時に埋めたと思われます。付近の家も屋根がほとんど吹き飛んでいました。それでも、クルドの人々はなんとか安心できる土地に住むことができて、大変喜んでいました。

ボランティアとは

その付近には、なんとドイツから車にトレーナーをつなげてやって来た医療チームがいました。近くの広場にテントを広げて医療活動をやっているのです。他にも、デンマークのチームや、たくさんの人たちがチームを組んでやって来て活動しています。

しかも、私が日本の自動車会社に勤めていると話すと、

「たくさんお金をもらって来ているんだろ？」

とか言われ、

「いや、会社からはお金もらってないよ」

と言うと、みんなビックリ！

みなさんは、それぞれの国々からボランティアとして来ていても、きちんと保険があり、帰国後はたくさんお金をもらえるということで、ビックリしました！

経済大国日本はいずこに？　だから、日本はまだまだなんですね～？　ま、しょうがないですね～。私みたいにいられるだけいいか～？という感じです。

毎日昼間働き、夜はろうそくの下で食事し、みんなでお酒を飲みながら、楽しくお話をするという毎日でした。また、現地で雇った運転手は、今まで夜の多国籍軍の爆撃が凄かったみたいで、子供たちも夜泣きとかが大変だったと言っていました。また、イラク兵も逃げる時に金品を持ち逃げしたりでひどかったようです。

付近のクルド人は子供たち、10歳の子にもカラシニコフを持たせ、軍事訓練のようなことをしていました。これも、やはり自分の国は自分で守れの世界です。

この北イラクでも日本人ボランティアと会いました。一人の男性医師と二人の看護師さんでした。彼らと久し振りの日本語で話しました。

ここで1カ月半、頑張りました。私の周りにはいつもクルド人の兵隊さんが、銃で武装し守って?くれました。

ドイツ人の医師団のテントの中には、イラク兵が埋めていった地雷で吹き飛ばされた足の治療で横たわる若者、あるいは自分の子供くらいの子供たちがいました。ホントに涙が出て来ました。

こういうのは全て人災です。戦争はいつの世もあり、ひどいことを平気でやるようになるのですね。つくづく戦争はやってはいけないことだと思いました。日本も350万人以上の人が亡くなって分かったのですが。

とにかく、こちらで主にクルド人たちのために活動していましたが、彼らとはアラビア語で話しました。彼らのクルド語は文字としてではなく、話すことのみとのことでした。

日本人は、自分の国があるのは当たり前だと思っていますが、彼らクルドやパレスチナ難民の人たちには自分の祖国がないのです。これは人間にとって一番悲しいことです。難民というのはパスポート取得や、海外に行くのも大変なのです。そういうのは我々日本人には分かりませんが。要するに我々日本人は幸せなんです。

　1カ月半こちらに滞在、活動して、終了の時期が近くなった時、さすがに私も腹を壊しひどい下痢になりました。町にいる医者に行きましたが、何と外国人は全て無料でした。しかも現地でもらった薬で治りました。日本から持って行った薬は駄目でした。やはり「郷に入れば郷に従え」ですね。これにはビックリでした。


　1991年5月の末にまた自分で運転し、首都のバクダッドに戻り、事務所がある高級ホテルでしばしのんびりしていましたが、この時も日本人ボランティア何人かと会いました。私が会ったのは現役大学院生や女性が多かったですね。ボランティアに女性が多いのはなぜでしょうね？

　バグダッドでも夜の外出は危険で、ホテルの中で音もたてず、静かにしていました。それでも、よく爆発音が聞こえていました。でも、昼間は大丈夫で、時間があれば一人でぶらついていました。

誰もいない日本大使館にも行きました。私は一日中歩いても平気でしたので、とにかく町を散策です。当然のように現地の秘密警察官がついていました。ですから、写真を撮ったりするのは大変です。でも、何とかみなさんに伝えたいと、何枚かは撮りました。

バグダッド市内は、普段は平和で食料品も結構たくさんあり、魚もユーフラテス川やチグリス川で捕れた大きなものがあります。驚くほど品数も量も豊富でした。お店もまだ多くは開いておらず、食事はレストランを見つけるのは大変でした。

それに昼間はまだいいのですが、夜になってみんなが電気を使おうとすると、停電です。そうなんです、発電所が爆撃でやられているので発電量が限られているのです。で、周りの人に私がH社から来ていると言うと、発電機が欲しいとか、この発電機を直してくれとかよく言われました。私は4輪サービス部なので無理。当時のみなさんスイマセンでした。

任期もあるので日本に帰るためにヨルダンに帰らなくてはなりません。ということは、また1000キロの道のりを陸路で戻らなくてはなりません。これには参りますね〜。でも、早く日本に戻って子供たちに会いたいので、帰してくれとお願いしました。

国連が手配してくれた車でまた砂漠の中を1000キロ走ります。帰りは結構順調に走って、20時間足らずでアンマンに到着。やれやれ〜でした。

アンマンは、日本食や中国レストランも何軒かあるし、大使館もあるので活動報告もしました。今回日本国にはあまりお世話にはなりませんでしたが、やはり自分は日本人なので。

以前知り合った国連職員の友人のインド人夫妻や、シチリア島出身のイタリア人夫妻とか、色んな方とお酒を飲みながらイラクのことを話したり、ホントに楽しいひと時を過ごしました。

こういう時もあまり日本人とは付き合わなかったですね。唯一協力隊員は別で、何回か食事をごちそうしたことはありましたが。ヨルダンの隊員も女性が多いと感じました。ま、こればっかりは仕方がないですね〜。

エルサレムへ

アンマンではその後、毎日事務所でいろいろな事務仕事をやっていましたが、ある日、日本人女性が事務所に来て、青年海外協力隊に入りたいのだが、現地採用はないのかと聞かれたこともありましたが、答えは、「ありません。日本に帰って受けてください」と回答せざるを得ません。

一緒に働いている仲間にパレスチナ難民も何人かいて、彼らに言われたことが、「是非我々の祖国パレスチナに行ってみてくれ！」でした。彼らも若い人が多く、第二次世界大戦後に現在のイスラエルによって祖国を追われたことは知らない世代の方々でした。

彼らの意思とは別に、一生に一度はイスラエル、聖地エルサレムに行きたいと思っていました。それで彼らから旅行エージェントを紹介され、そちらにパスポートのコピーを渡し、正式にというか合法的に入国ビザを申請し、約1週間後にビザを受領しました。

外人専用のバスに乗ってアンマンからエルサレムに行って来ました。

そう！　夢にまで見た聖地エルサレム。それはいいのですが、途中は砂漠の中、というか茶色の山を下って行きました。

イスラエルの検問所は、その手前のちょっとした山みたいなところですが、ミサイル（多分対戦車用）があるし、大きな戦車もありました。検問所では若い女性が審査をしますが、カメラは適当な所に向けてシャッターを切ったりして審査はオーケーです。

その後は乗り合いタクシーでエルサレム市内へ。私は、アラブ人街の方へ行き、宿も安ホテルに決めました。午後まだ時間も早かったので歩き回ります。古いローマ時代の城壁へ行きました。ここは結構横幅が狭い道が多かったですね。

まずは、ユダヤ教の聖地「嘆きの壁」。ここは異教徒でも、あの小さい丸い帽子を入り口で被《かぶ》れば、誰でも入れてその壁に行くことができます。ユダヤ人はその壁の所で旧約聖書を読んだり、礼拝したりします。

基本的にユダヤ人はもみあげをそのまま伸ばし、夏でも黒いオーバーコートに山高

ユダヤ教の聖地「嘆きの壁」。その後ろにはイスラム教の聖地「岩のドーム」

帽子を被っています。

壁のすぐ先にはイスラム教の聖地「岩のドーム」があります。ここでよくパレスチナ難民とイスラエル人や、兵隊のいざこざがあります。岩のドームも、街中になぜこのような岩があるのか？という感じです。昔、モハメッドがこの岩からアルラーの所に白馬に乗って行き、教えを乞うたそうです。

そうこうしてブラブラ歩いていると、突然声をかけられました。なんとダマスカスからアンマンまでのバスで一緒になり、そしてアンマンでホテルを探し送って行った人でした。あ〜あの時の人。

彼はもう1週間以上エルサレムにいるそうで、彼に案内してもらいキリスト教徒の聖地に行きました。まずは、イエスが入れられた牢獄。そこは、地下に階段で降りましたが、暑い時に行ったにもかかわらず、吐く息が白くなりました。

次に聖地巡礼のように地下牢から出て、十字架を背負いながらゴルゴタの丘に向かって歩いて行くわけですが、元気な状態で行くならいいですが、重い十字架を背負い、しかもろくな食事も取ってない状態では、ホントに大変だったと思います。

で、イエスが倒れた所に記念碑があり、そこまでの全ての場所で祈りを捧げながら次の場所に向かうのです。私はただ見て次に行きましたが。

そして、最終的な目的地である「聖墳墓教会」へ。ここで、イエスが十字架に磔《はりつけ》られ、手首足首に釘を打たれ、十字架を立てられ、最後にやりで刺されて死んだという所です。

その、十字架を刺した所の穴を中心にこの教会が建てられたとのことでした。しかも、そのすぐ横にはイエスの遺体を乗せた絨毯《じゅうたん》が置いてありました。その辺も私は写真に撮ったりしました。

ここは聖地巡礼の人たちが世界中から来ていました。私みたいな不信心な者が来ていいのかという感じでした。神様のおかげでこういう所にきちんと来られました。良かった！

その後は暗くなって来たので、彼とも別れ、ホテルに戻りましたが、ここも暗くなると結構銃声が聞こえて来るような所でした。

その後、知り合いの人と奥さん（ドイツ人）にも会ったりし、一緒にベツレヘムへ行き、生誕教会にも行って来ましたが、どこへ行っても町の出入り口にはバリケードがあり、自動小銃を持った兵隊がたくさんいました。

聖地はそういう所にあるのですね？　聖地だから争いの場となるのでしょうか？　とにかく一生の思い出となりました。私は、イスラム教徒でも、キリスト教徒でも、ユダヤ教徒でもありません。基本的に仏教徒、しかも、仏教の聖地にはまだ行ったことがありません。ま、いいか？　スイマセン。

翌日は、イエスが最初に布教したと言われるガリラヤ湖へのバスツアーに参加しましたが、この旅行者用バスにも途中で兵隊さんが乗って来て、適当な所で降りました。

なんじゃそりゃ?・という感じでしたが、これも国民皆兵、自分の国は自分でということなんでしょう。

とにかく当然全ての会話は英語で、しかも聖書も読んだことないのでよく分かりませんでしたが、すごい所に来たと思いました。これまたスイマセン。

聖地エルサレムには3泊4日でした。また外国人専用のバスに乗ってヨルダンに戻りました。専用なのは、現地の人、パレスチナ難民が乗っていると、全ての荷物を検査するので、とても大変だからです。エルサレムのあの狭い通路でも、たまたま石を持っていただけのパレスチナの若者に対し、イスラエルの兵隊さんは銃床で殴っていました。私の目の前でやっていたのです!

とにかくそういう国なんだと思い、深く考えないようにしました。ただ、中東の和平は難しいのだ、ということです。目には目を!の感情が先走るのです。

帰国・転勤

そして、アンマンに無事に着いて、しばらくして任期終了の3カ月が近づきました。なぜかタイ経由で日本への帰国を言われ了解しました。やっと帰れる〜。タイへ行き1泊した後に、6月末に無事に日本に帰国しました。で、家族の待つ横浜に行き、帰国報告をしました。その時、娘が泣いたりしたので私も悲しくなりました。ま、2歳にもなってない時期だったので仕方がなかったですね。

その後は、写真を現像し、いろいろ整理していると、いくつかの新聞社や雑誌社からインタビューの依頼があったので受けました。その後、埼玉県の自宅に戻り、翌日には会社に行き帰国報告会をしました。報告書も提出しました。無給のわりには大変でしたし、頑張りました？

さて、その後は大人しく普通に働いていました？　また、ラグビーもやりだしました。それからはずーっと普通に働き、みなさんに迷惑がかからないように頑張っていました。時々はボランティア活動の一環で、公民館などで体験談を話したりです。

そうこうしているうちに1994年の3月に突然上司である課長に呼ばれました。何にも悪いことはしてないのに？　すると、なんと転勤の命令でした。え〜？　それが栃木県でした。

栃木県宇都宮市郊外に大きな土地があり、そこに研究所と本社機能の一部があるのです。かなりの人数いて、「君もそこで頑張って欲しい。どうか？」と一応聞かれましたが、所詮サラリーマン、NOとは言えません。了解です。

家内は横浜出身なので、当初躊躇《ちゅうちょ》していましたが、結局は妥協して宇都宮市へ行き同居することとなりました。子供たちはとくに息子は新幹線に乗れるということで無事に解決し、家族帯同で行くこととなりました。

まずは4月1日に、私が先に市内の戸建ての社宅に移動し、出社しました。これは会社の規定で、今まで持ち家だったので次の転勤地では、一戸建ての社宅が提供されるのです。私鉄沿線沿いすなわち東武宇都宮線の駅近くになりました。ここは宇都宮市役所や栃木県庁にも近く、買い物も便利な所でした。

どちらにしてもこういう街では車は必需品です。ま、私は埼玉にいる頃からバイクで通勤していましたが、こちらでもバイク通勤です。

家から職場までは約20キロです。道路も広く片側2車線あります。ちょっと前まで農道だった所ですが。私は、初めは90ccや125ccのスクーターでしたが、途中からはちょっと大きめの250ccのスクーターで通勤しました。

もちろん、会社はすでにフレックス体制なので出勤退勤は各自自由ですが、ほとんどの人が朝は7時から9時に出勤し、帰りは16時から19時に帰宅する方が多いようでした。私は冬の朝マイナス5度でも250ccのスクーターで出勤しました。通勤時間はドア・ツー・ドアで30分です。これが車ですと、1時間は少なくともかかります。ガソリン代も車に比べかなり安いのです。冬はきついですが、それなりに厚いブルゾンを着て、バイクにはグリップ・ヒーターも付けていたので冬でもダイジョウブ。

ラグビー指導者として立つ！

こちらでもラグビーをやりましたが、あまりラグビーのような特殊？なスポーツは盛んではありません。もっぱら、野球とサッカーです。

私は当初レフェリーを主にやらせてもらいました。栃木では、我々神奈川県民では考えられないのですが、学生と社会人のチームが同じリーグで試合をしていました。ま、それが、栃木だということでやっていました。そのうち年齢とともにレフェリーもお役御免となりましたので、そのまま辞めようと思っていましたが、ある日ラグビースクールの関係者から電話がありまして、ラグビースクールを手伝って欲しいとのことでした。

私には断る理由もなかったのでやらせていただきました。ラグビースクールは自宅からも近い県で一番優秀といわれる高校の第二グラウンドで、毎週日曜日に幼稚園の年中から小学生・中学生までを対象にやっています。

毎週日曜日、基本朝9時から11時までの2時間くらいでやっていました。これはまだ他のスポーツよりは短い時間でした。息子は小学生になって、野球やサッカーを小学校のスポーツ少年団でやっていました。私は息子がやりたいというので、当たり前のように送迎をやりましたが、親もビックリするほど長い時間、子供を拘束し練習していたので、こりゃ駄目だと思いました。

日本人はこういうところがあるんですね。長い時間やればいいというのが多いですね〜。だから、大人になってすぐ故障してしまうのでしょう。まあ、自分のスポーツ以外のことを言うのはやめましょう。とにかくみんなさん頑張ってください！

息子もいろいろやっていましたが、小学4年生の頃には「僕もラグビーやる！」と自分から言ってきたので、次の日曜日から一緒にラグビースクールの練習に行くようになりました。内心嬉しかったですね〜さすがに。

とは言うものの、当初このスクールは対外試合もなく、毎週日曜日に時間を決めてやるだけのスクールでしたので面白くありません。そのため、1年後のスクールの総会で私が一念発起をして、スクールの体制を変えました。

人数が少ないので2学年で1クラスとしてやることとし、低学年以下は1クラス、3・4年生は1クラス、5・6年生が1クラス、中学生は1クラスと分け、それぞれ責任者を決めてスタートしました。もちろん私だけで決めたのではなく、他のみなさんの協力があったからできたのです。

その後は対外試合をしたり、親にしてみれば大変でしたが、関係者や親御さんからの苦情もなく、もっとやってくれとよく言われました。時には、埼玉県、東京都までバスで行って試合をしました。我々は、夜明け前に集合してバスに乗り込んだりすることも多く、大変でしたが、今でもいい思い出となり、現在も引き継がれているようです。

私も子供たちに偉そうなことを言っているだけでなく、毎週ジョギングをしました（今でも続けています）。当時は会社の体育館にあるプールや筋トレ施設を使い、体力作りもしていました。もちろん全て無料で。同僚などはこういう施設を使わずに、仕事が終わるとすぐに帰宅です。もったいないと思いましたね。他人《ひと》の事はいいか⁉

国内での国際交流

毎月第二土曜日に市の国際交流協会主催のポットラック（料理持ちより）パーティーがあり、私もよく出席していました。そこで結構たくさんの人たちと知り合い、友人もできました。

とても楽しい時間を過ごしましたし、パーティーの後に市内中心部の外国人用の立ち飲みバーがあって、私もみんなで行ってよく飲んでいました。場所がら遅い時間、夜10時以降になると、外国語を教えている外国人もたくさん来ます。私のようなブロークンイングリッシュでも、お酒を飲みながらでしたので、結構通じていたと思います⁉　友達もたくさんできました。

他に、中東を勉強する会といったものもあり、私も講演したり、栃木県国際交流協会からの依頼で県内の高校へ行って、体験談を話したりもしました。スライドや写真を持って行くと、反応が違います。

栃木に行って間もない1995年以降、98年頃まで10校ほどの高校で講演しましたし、県立博物館の講義室でやったこともあります。また、日光市で子供向けの英会話教室を開き、その中で写真を中心に小学生高学年に話をしました。この時はカナダ人の女性アシスタント、英語の先生と一緒にやりました。

住めば都

会社には日本全国から優秀な若者が集まってきます。やはりさすが一流企業です。ほとんどの社員が男女ともに国立大学卒業で、私のような高卒はみな工場からの転勤者だけでした。そういう時代なんでしょうね～。別にパワハラとかはなかったので、これもさすがです。

しかも、当社は女性でも海外駐在は当たり前です。インドへの若い女性の駐在にはビックリしましたが、今はそういうのは普通なんでしょうね。結婚されて妊娠すると出産休暇も普通に取れます。さすがに大企業は違いますね～。そういうことがもっと普通に行われればと思います。

しかし、こちらの方々は保守的な方が多いので何かと大変でした。ラグビーもそうでしたが、その他いろいろと「?」がありました。

私は休みのたびに電車で、時間はかかりますが、東京などに行って遊んでいました。新幹線を使えば短時間で済むとお思いでしょうが、それにはお金がかかりますので、めったに使いません。業務出張は問題なく新幹線を使いますが、プライベートでは、ほとんどＪＲ宇都宮線、せいぜい快速ラビットです。約1時間半、新宿や渋谷に出かけますが、ま〜大変でしたね。

どちらにしても、子供が一番と考えていましたが、お金との絡《から》みもあって大変でした。みんなさんはいかがでしたか？　子育ては、終わってから反省することが多いのではないでしょうか？　今でも、あの時こうした方が良かったな、と思うことが多いです。

ま、しようがないことですよね。過ぎたるは猶及ばざるが如し！ですよね？

我が家の場合、上の息子が6歳で年長、下の娘が年中で宇都宮市に引っ越しました。そして、家の近くの保育園に入りました。家の前には樹齢約８００年のケヤキの木があり、高さが約40メートルもあります。そんないい所でした。

そこから、会社までは約20キロですが、通勤時間帯は農道でも目茶苦茶込み合い、渋滞するので、私は初めからバイクで通勤していました。どこに行くのも大体はバイクでしたが、もちろん子供と遊びに行く時や買い物は車が必要でした。

宇都宮の冬はとても寒く、とくに朝はマイナス5度、風が肌を刺すように痛く感じますが、そういう時も私はバイクで通勤しました。昼間の温度は東京と変わらないのですが。

私は生まれも育ちも神奈川で、しかも、ちょっと前までは中東にいて、サウジみたいに50度の温度には慣れていますが、寒いのは苦手でした。ま、仕事なので仕方がありませんが、こういう所に来て大変でした。

しかし、人間は慣れるもんで、そのうち平気になって来るもんなんですね〜。寒さもそう気にならなくなって来ました。しかも、会社内は作業服に着替え、事務所内は暖かいので、一年中下に半袖のYシャツを着て、後は季節に応じて真冬は厚手のブルゾン、他の季節はジャンパーで一年中バイク通勤。会社の仲間もビックリしていました。同世代の人たちは股引を穿いて、ものすごい厚着をしていました。

ラグビーについて少々

おおよそ毎週土曜日は、子供たちと遊びに行っていましたね。そして、日曜日は午前中は高校の第二グラウンド。ラグビースクールで子供たちに教えて、お昼頃に帰宅。

昼食後は奥さんと買い物に行くというパターンでした。

その頃、途中で通る小学校では、朝からスポーツ少年団の野球をやっていましたが、午後になってもまだやっていて、夕方になってもまだやっていました。子供たちは自分の時間があるのかな？　ないですよね？　野球は大変ですね〜。

自分の息子もそうでしたが、サッカーもそういうところがありますね。長〜い練習時間。海外では考えられないですね〜。欧米では子供たちのスポーツクラブはたくさんありますが、練習時間は短く、我がラグビースクール並みの時間です。

しかも、シーズンオフには他のいろいろなスポーツをやっています。会社の出張でイングランドの田舎町のスポーツクラブに行った時は驚きました。

そこは、ロンドンから100キロほど離れているウェールズに近い田舎町ですが、休日に行ってみると、このスポーツクラブにはサッカー場が4面、テニスコートも4面、多分ポロか何かの大きな芝生のグラウンドがあり、ラグビー場もなんと4面。綺麗な天然芝です。その真ん中に大きなクラブハウスがありました。

ラグビースクールの練習を見ると、あまりに日本とは違って、子供たちの自主性を重んじているというか、日本みたいに大きな声で、興奮した檄《げき》を飛ばすようなことはありませんでした。こういうのは私も考えさせられますね〜。

さて、練習が終わって子供たちはシャワールームで大騒ぎ！　大人たちはコーチも一緒にビールを飲みながらラグビー談義。いろいろなスポーツや世間話もワイワイやっていて、コミュニケーションを図っていました。さすがですね〜。もちろん帰りはお酒を飲まない奥さんの仕事？になります。

奥さんたちも練習中はもちろんラクビー談義に花が咲いています〜。ン〜こういうのがスポーツなんだなという感じです。やはり、大英帝国８００年の歴史はすごい。先進国としての歴史が長く、ゆえに色んなスポーツが生まれ、発祥の地として長い時代を歩んできた国と感じました。

日本は戦後のまだ数十年ですよね。先進国と言われ、ある程度暮らしがよくなって、いろいろなスポーツができるようになったのは。しかも、我が日本人は農耕民族、対して欧米は基本的に狩猟民族で肉食が主で、体も大きく強いのです。

最近は日本人も食文化の変化により、体も大きくなり、腕や手も大きくなってきましたし、椅子《いす》の生活で足も長くなり、欧米の人々のようになって来ました。ですから、今後はもっと世界に近づいて行くと思いますし、現に最近のオリンピックなどではメダルの数も増えて来ましたね。頑張れニッポン！

息子は小学校4年生の頃からラグビーをやり始め、中学生の時は人数も少ないので、栃木選抜としてもプレーしていました。中学1年生の時には茨城と合同で、全国高校ラグビー大会開催中にやる中学生大会に招待され、私もコーチの一人として同行しました。

宇都宮から茨城県の水戸に集合して、みんなでバス一台で東大阪市のラガーマン憧れの地「花園ラグビー場」に行くのです。年末だったので途中、高速道路が渋滞して大変でしたが、自分の好きなことをやっている時は、不思議とそんなに大変と思わないもんです。

奈良県の信貴山《しぎさん》の麓《ふもと》の旅館に宿泊し、翌日からは花園ラグビー場へ行って、裏のグラウンドで練習しました。花園はグラウンドが三つあり、大会は毎年12月27日から始まりますが、1回戦はこの三つのグラウンドをフルに使って、しかも1日3試合ずつやります。それが2日間あり、1日おいて30日からはシード校が出ての試合になります。

我々は正月明けに到着したので1月3日に試合がありましたが、やはりこの頃も中学生でも大阪地区、首都圏の学校、それに九州の一部が強く、高校とおおよそ同じ勢力分布です。不思議ですが、これもやはりコーチ陣のレベルや、周りの方々、親御さんのバックアップの賜物だと思います。

我が栃木・茨城合同チームは、神奈川県チームと対戦し90対0で大敗しました。その次も大阪のチームと試合しての大敗！　はいお疲れさん〜。

次の日は高校の準々決勝をまずはみんなで見ましたが、とにかく寒くて大変でした。生駒山からの吹きさらしの風が冷たいのです。以前テレビ中継でアナウンサーがいつも言っていましたが、実際行ってみるとホントに寒い。ラグビー見るのも大変ですね。ま、とにかく朝から晩まで1日4試合を見て、とても面白かったのですが、疲れたというか、寒くて大変でした。

その次の日も子供たちは試合でした。また負けてお疲れさん。やはり北関東のレベルはそんなもんです。

翌日は準決勝を見て、すぐに我々は帰らなければなりませんでした。そして、また渋滞の中を戻って来ましたが、めちゃめちゃ時間がかかって、さすがに水戸に戻った時はぐったり。我が栃木チームはさらに宇都宮までです。つかれました～。


息子は高校（私立）もラグビー部でした。遠征とかも多く、あちこちへバスで移動です。夏には菅平高原で合宿もやっていました。その高校は全国大会に12回も出ていましたが、最近は全く出られません。それはともかくラグビーをやったのは良かったと思います。

高校3年の全国大会の予選は準決勝で敗退しました。その時はすぐに気持ちを切り替え、自動車教習所にいかせました。大学に行くと行けなくなるし、本人も免許を取りたがっていました。約2カ月で取得し、私の車に乗るようになりました。私は相変わらずのバイク通勤ですので、いいように乗っていました。ま、いいか～。

結局、大学もスポーツ推薦で埼玉県のラグビー強豪校に入学できました。その学校は関東大学ラグビーリーグ戦グループで2部ですが、上位校でした。当時は。とにかく息子が行きたいというので行かせました。

初めの1年間はラグビー部の寮に入りました。そこには卒業生で日本代表の人もいましたが、みなトンガからの留学生です〜。2年生からは、たまたま寮が取り壊しになるというので、自分で安いアパートを探して住んでいました。安い軽自動車も買って乗っていました。バイトもしていましたし。

話が前後しますが、子供たちは二人とも宇都宮に越してから、東武宇都宮線の駅近くにあるスイミング教室に通っていました。もちろん子供たちが行きたがったのです。小さい頃にスイミングをやっていてとても良かったと思います。大きくなって何をやるにも体を造っておくのは大事です。

娘も小さい頃から近所の体操教室に通っていましたが、そこがなくなってしまうことになり、その後はJR宇都宮駅に隣接するビルにあるスポーツクラブのダンス教室に行き出しました。もちろん子供用の教室です。その教室で栃木市のダンスの大会「おどんべ大会」で娘のクラスが優勝しました！　次に横浜体育館での大会でも子供部門で優勝しました！　すごいことでした。

娘はその後、県立の進学校に行きましたが、そこは英語に力を入れている高校で生徒や先生も外国人が何人もおり、栃木にもいるんだということでビックリ。大学は美術大学に行きました。彼女は洋服のデザインとか、ものを造るのが好きでしたので。普通の大学より学費は高かったので大変でした〜。

ということで、子供二人とも高校卒業時に宇都宮市を出て、それぞれの道に別れて行きました。宇都宮の生活ではとくに何も心残りはないとのことでした。

東日本大震災

そして、あまり書きたくはないですが、２０１１年3月11日金曜日、あの出来事が起こりました。東日本大震災です。

たくさんの方々がお亡くなりになったあの地震では、我々がいたH社の事務所の内装や屋根がはがれ落ちてほぼ全壊でした。

金曜日の午後2時46分。いつものように事務所でパソコンに向かっていて、今日は金曜日、帰りに体育館でトレーニングしてから帰ろうと思っていた矢先でした。

最初はゆっくりと横揺れがあり、そのうち止まるだろうと思っていましたが、かえってひどくなり、次第に縦揺れも始まり、みんな机の下に隠れました。

この頃には事務所の内側の屋根が崩れてきて、防火用の屋根に取り付けてあったガラスも落ちて、大変なことになってきました。それでなくても電気も消え真っ暗になり、女性たちは悲鳴を上げ、パニックになって来ました。

とても長い時間揺れて、やっとのことで揺れが収まり、誰かが外に出られるドアを開け、そこから光が見え、みんなとりあえず外に出て広場に行きました。しかし、水道・電気・ガスのインフラが全て止まり、しかも事務所には入れず、外に待機せざるを得ませんでした。3月の栃木はまだ寒くて、震えあがっていました。みんな防寒着を着ています。私もさすがに防寒着を着ました。

それは、いいのですが、会社側からの連絡・指示が何もありません。というかできなかったのだと思いますが、とにかくずーっと外で待っていて大変でした。待っている間もグラグラ揺れてくるしホントに参りました。

何せこれほどの地震は生まれて初めて。他の人たちもそうでしょうが、どうすればいいのかまったく分かりませんでした。

約一時間、外で待ちましたが、事務所は立ち入り禁止、そのまま全員帰宅しなさい、ということになりました。しかし、多くの人が家や車の鍵を事務所の自分の机の中に置いていたので困ったようでした。

その中で私は発展途上国滞在が長いせいか？いつでも行動できるように、鍵もポケットにありました。ロッカーには入れたので、すぐに着替えてバイクで帰宅しました。途中の信号は消えていて、交差点は注意が必要で前を走る車に付いて走りました。以後の交差点も信号が消えていましたが、何とか鬼怒川《きぬがわ》の橋は大丈夫でしたので、ゆっくり走って家へと向かいました。宇都宮市役所近くでは信号もついていましてビックリ。やっとのことで自宅に辿り着きましたが、かみさんも青ざめた顔で、怖かった、すごく揺れた、と動揺していました。

家の中は大丈夫でしたし、何より水道、電気、ガスも問題なかったので風呂にも入れました。会社の方は全て止まってしまったのですが、社宅は市の中心部にあり、おかげで助かりました。

その後しばらくしてから、子供たちとも連絡が取れ、無事でした。神奈川県内の私と家内の実家も大分揺れたが、大丈夫とのことでまずは一安心。

その後、しばらくは震災関連のニュースばかりをテレビでやっていましたのは、みなさんもご存じの通りです。東北地方は海岸に近い所がみんな津波でやられ、そっくり町全体がなくなってしまったのにはショックでした。それにガソリンが入って来なくなり、ガソリンスタンドに並んだりしていました。

その後しばらくは会社も休業状態。ちょうど私が定年を迎える年にこういうことになり、神も仏もあったもんじゃないという感じでした。こういう時に休みなのは仕方がないですが、家にいても何もすることもなく、車で買い物にも出られず（ガソリン不足）精神的にも参ったですね。

会社からは電話やｅメールで勤務状況に関する情報は来ましたが、我々間接業務の者たちは、約１カ月間自宅待機になりました。実務をやっている若い人たちは、浜松・

鈴鹿・熊本の各工場へ行って、直接的な業務をやっていました。

その頃、息子の大学の卒業式もありましたが、3月中でとても行ける状態ではありません。全くついてません。ともかく息子は、仕事の内容もよく分かりませんが、働き出しました〜。

私は約1カ月後に会社近くの公民館に行き、仮事務所ということで仕事をしましたが、なにせ行ってもインターネットがつながってないし、会社から貸与されたパソコンの行方《ゆくえ》も知れず。そんなことで事務所に行っても何をすればいいのか分からず、適当にブラブラしていました。

私がH社に入社してこの年でちょうど30年。こんなに休んだのは初めてでした。埼玉にいた頃に結婚し、新婚旅行にヨーロッパに行き、オランダ・スペイン・フランスに約2週間行ったのが、今までで最高に休んだ時でした。その時とはもちろん事情が違いますが、その後もしばらくはそんな感じでした。

しばらくして職場も徐々に復旧してきて、一部の建屋《たてや》も使えるようになってきましたが、事務所に行けるようになったのは半年以上かかりました。

インドへ

私は入社して30年以上勤務し、旅行のクーポン券がもらえました。一人20万円分です。ただ、これは夫婦のみで使えるのでかみさんと相談した結果、二人とも行ったことのないインドに行くことにしました。

リフレッシュ休暇の約1週間と無料チケットでの、久しぶりの夫婦だけの旅行は大変疲れましたが、なかなかいい思い出になりました。

インドまでは飛行機で約8時間。ビジネスクラスのシートが当時なかったので狭いシートです。これは結構きつかった〜。

インドに着いてからは、他の日本人のカップルと一緒に日本語ができる現地のガイドとともに、首都の周りの三大都市、世界遺産を訪ねるツアーで回りました。

しかしまあ、インドは道路が悪く、世界遺産に行くのに大変時間がかかりました。日本だと100キロはおおよそ1時間で行けますが、インドは100キロに3時間はかかるのです。それに、車から外に出ると騒音がすごいのです。まずは車のホーン。

インド人の運転がひどく、どこに行くのか分からないので、ホーンで知らせるのです。日本では考えられません。

次に臭《にお》い。道路上や脇にゴミが多く、また、シーク教の神である牛が歩くので、その時に排出するのがそのまま残って臭うのです。数が多いので動物園よりすごい臭いです。ホテルはいいホテルなので、一歩出ると全くの別世界でした。

とにかく、世界的に有名な世界遺産の目の前までものすごい道で、スピードはとても出せません。これも日本では考えられませんね～。栃木県も日光が世界遺産で、連日たくさんの観光客が訪れます。道路とか観光ルートは完璧に整備されていますが、ここインドは目先の収入しかありません。観光地でなくても公衆トイレの入り口には必ず人がいて有料なのです。さほど綺麗とは言えないトイレですが。

ま、どちらにしても大変な所です。それこそ、日本で言われる3K（きつい・きたない・危険）でなく、2Kプラスうるさいでした。なにか文句ばかり言っていますが、スイマセン！

インドは日本の仏教の源であり、ものすごい大きな国、とても歴史と伝統ある素晴らしい国ですので、みんなさんも是非一度は行ってみてください。先進国だけ見るのではなく、こういうインドのような国に行って、聖なるガンジス川に入るのもいいと思います。我々はガンジス川には行けませんでしたが。

とにかくたくさんの世界遺産があり、すごい国です。インドは1国でたくさんの人種・宗教・言語があり、こういう国をまとめるのは大変だと思います。映画ガンジーを思い出しますね。無抵抗主義を。

そんな中で我々は5泊6日の世界遺産を巡る旅を続けました。とくにあのタージマハールは真っ白で巨大な建物。入る前に携帯用のスリッパをもらって、それに履《は》き替えて入ります。以前からここは行きたいと思っていましたので、これも感動ものでした。とにかく朝から晩まで車で騒音の中を移動して、世界遺産を見て、インド料理を食べてという感じで見て回りました。

彼らの英語もよく分かりません。訛《なま》りが強いというかよく分かりません。これは彼らもよく言っています。日本人の英語は分かりにくいと。

ということで、世界遺産をたくさん見て、適当にお土産も買い、ともかく無事にインド旅行を終えましたが、とにかく人口が多い国で、当然のように貧富の差が激しい。どこに行っても人が多く、それも、ただブラブラしている人が多くいます。

そうです。インドの人口は12億人を超えています。人口が多い国はとても大変だと思いますね～。何をするにも。それに、おおよそ一年中暑いので、そういうのも大変ですよね。日本のように四季があれば、いいですが。

とにかく、また帰りもエコノミーシートで8時間飛行機に乗り、無事に戻って来ました。成田からは宇都宮駅直行の空港バスがあるのでとても便利です。無事に宇都宮の家に帰り、ぐったり。疲れた～。

久し振りの海外旅行は、全て会社の費用でしたが、とても疲れました。二人での旅行でしたし～。

生涯現役！

放送大学

その後は、定年延長で、毎年の契約に基づいて、いわゆる再雇用で働いていました。これにより給料は半分になりますが、持ち家の住宅ローンはすでに全額返済しましたし、子供たちの大学での学費・教育資金も全額返済しましたので、ま、いいか?です。働けるだけ働こうと思い、その後も働いていました。

仕事の方も残業はせずに定時での仕事になり、私の場合は朝6時起床7時には家を出て、相変わらずバイクで会社に出勤して事務所に行きます。午後4時半には8時間労働の定時なので帰宅します。

週末は体育館でトレーニングを勝手にやったり、のんびりしたり、夕方は5、6キロのジョギングをしたりです。日曜日の午前中は小学生にラグビーを教えるというか、副校長としてほとんど見ているだけですが、顔を出していました。

自分ではのんびりと余生を楽しんでいるといった生活をしていましたが、途中でラグビースクールの方は辞めて、放送大学に行って週末は勉強することにしました。

これは、結婚前にもちょっとやってみたこともあることで、暇になったのでいろいろ勉強しようと思いやり始めました。週末の面接授業は宇都宮大学の中に放送大学専用の校舎があり、近いので便利もいいし、土曜日は大学の食堂が使えるし、日曜日は大学がやっているコンビニで食事できるし、こういったことは誠に便利でした。

その後は、毎週末はこのような知的な?生活をしていました。なかなか慣れませんでしたが。ただ、関東ラグビー協会のミニラグビーのインストラクターはずっと続いてやっていました。ミニラグビーは小学生対象のラグビーをやる組織です。もちろん、ボランティア、自腹でやっています。

毎年2月に東日本地域のラグビースクールのコーチを対象に、子供たちへのコーチングの指導を泊まりで行います。そのために1月には我々のみ事前に研修会を行い、どのように行うかをみなで勉強します。

夏の7月の海の日あたりに長野県菅平高原で、これも毎年行われるラグビーマガジンカップと交流大会があります。我々インストラクターもこの時は手本を示す意味で公式戦のレフェリーもやったりします。これも2泊3日でやはり自腹での活動です。こういうことは、やはり子供とラグビーが好きでないとできませんね。

能力のない私が誰かのためにやるのは、このくらいですね〜。とりあえず自分の好きなことをやれるのは、とくにこの年では他にないですので、やれるだけやりたいと思います。他の人に迷惑をかけないように今後も頑張りたいと思います。

みなさんも、何かのために、誰かのために、ボランティアをしてみてはいかがでしょうか？　何もしないよりはいいと思いますよ。とくに歳を取ってからは、何かやってないと、すぐにボケや認知症が始まりますよ!?

これからの日本のためにも、若い人や子供たちに何かを教えて一緒に盛り上げていけばと思います。私はラグビーに関して経験はありますが、プレーがうまい訳ではありません。大きな顔してできるレベルではないと思います。

が、そこは子供たちのため、日本のラグビーのためにと日々勉強してやっています。何でも吸収しようと思いながらやっています。以前の海外でのラグビーの経験も含めて。

震災ボランティア

震災以降、みなさんそうでしょうが、何となく静かな時に、また大きな地震が来るんじゃないかという不安があるのではないでしょうか。みなさんの心の中に何かしらの変化があるのではないでしょうか。

震災後何度か大きな地震があり、そのたびに何かドキドキというか、またか？と危《き》惧《ぐ》するのはホントに参りますね。もう二度とあのようなことがないことを祈りますね（でも、残念ながら、熊本で地震がありました）。

今では笑い話になりますが、震災後随分経って、会社の体育館が使えるようになり、久し振りにトレーニングをし、いつものように筋力トレーニングをやった後、体育館内をジョギングし、シャワーも浴びて、ロッカールームに行った途端に、たくさんの携帯が鳴りだし、うるさいな～なんて思っていたら、いきなり震度5の強い地震が来て、「みなさん場外へ逃げてください」と場内放送がありました。

しかし、その時、私はタオル1枚を腰に巻いた状態でスッポンポンでした。さすがに焦り、とりあえず壁に張り付いていました。怖かったですね。その後すぐに揺れも収まり、事なきを得ましたが、こんなことが続くと参りますねえ。

私は、中東に長くいて、銃撃戦も体験しましたが、天災はいつ来るか分からないし、どの程度のレベルで来るか分かりません。日本は火山国であると同時に地震大国ですから、過去にも阪神淡路大震災、中越地震、東日本大震災などと、直近の日本でも何度か大きな地震災害がありました。こればかりは気をつけろと言われても、どうしようもないですよね。

母も結局それまで体が丈夫だったのに、震災後に一度家で足を挫《くじ》いてからは、結局認知症のようになって入院し、その後別の病院に移ったのち89歳で他界しました。大往生と言えるでしょうか？　ま、私と兄にとって父の死後30年も生きたから、良かったのかもしれません。

母親が入院した病院には何回か見舞いに行きましたが、最後の方は私が分かったかどうか分かりません。とにかく私を丈夫に生んでくれ、大事に育ててくれ、有難う御座いました！というばかりです。

両親のお墓は神奈川県にあり、私は一人でバイクに乗って、お墓参りをしております。これは、誰に言われるまでもなく毎月行っていますね。

その後しばらくして、私も、東日本大震災で被害がひどかった所をインターネットで見て、宮城県南三陸町にボランティア活動に行って来ました。この時は車で行き、現地のツアーに参加しました。2泊3日でした。

最初の日は仮設の商店街で待ち合わせをし、現地のボランティアの人と二人で、まずは被害に遭った所を見て回りましたが、その中で、最後まで市民にマイクで呼びかけて自分も亡くなってしまった職員がいた、今は骨組みだけの市の庁舎に行き黙禱《もくとう》を捧げました。

とにかく自分の目で見ると、ホントに言葉で言い表すのが難しいくらいひどい状況です。町が一気に津波に流されてしまったのです。一緒のボランティアの女性も、当時は生まれたばかりの赤ちゃんを抱えて、裏山に逃げて助かったとのことでした。

その時、南三陸町で見えたのは、まっさらの土地と海岸沿いの土の山。家は裏側にある山の上に移築していました。

昼食後には漁師さんの所に行き、網の修繕をやりました。海の真ん前の作業場で仕事し、大変喜ばれ、新鮮な牡蠣《かき》をいただきましたが、生まれて初めてのおいしさでした！　おいしい！

その日は夕方5時で終わり、やはり丘の上に新築した民宿に行って終了。

翌日は自分で町役場隣のボランティア・センターに行って、他のボランティア8人と一緒に、港に近い水産会社の工場で牡蠣を洗浄し綺麗にする、販売に向けて作業をしました。この時は兵庫県の市会議員さんや東京からの人とか、結構いろいろな所からボランティアに来ていました。

この日も夕方5時頃までやって終了、ボランティア・センターに戻って報告して、解散となりました。私も、すぐに宇都宮に向けて車で戻りましたが、慣れないことをしたのでさすがに疲れました。

いくつになってもボランティアばかりやっている私は、いつも大変です！　でも、とにかく好きでやっているのです！

自分の今の生活からしたら、東北で被害の遭った方々に申し訳ない気持ちです。中には同じ関東ラグビー協会のミニラグビーインストラクターで、仙台市内の方もいらっしゃいましたが、彼のご自宅も流されてしまい、娘さんの家にその家族とともに住んでいるとのことでした。そういう方々がたくさんいらっしゃるので、それに比べれば自分は恵まれていると思います。ホントに。神に感謝です！

私は戻ってからまた、いつものように職場にバイクで行き、時間まで仕事をして終わったら自宅に戻るという生活ができるから、良しとしないと。

新居探し

ところで、話が前後しますが、私が定年を迎えて借金を全て返済した後に、今後どうするかを家内と話し合った結果、やはりお互いの故郷である神奈川県内に戻り住みたいとのことで一致しました。その後時間をかけてゆっくり家探し、というかいろいろと考えることとしました。

まずは自分で買った埼玉県の家を売らなければ、となりました。知り合いの建築業者に見てもらったら、20年も誰も住んでいなかったので、なんと！シロアリに食われ、家が危ない状況になっていました。

それまで、会社の不動産部に管理してもらっていましたが、何もしてなかったせいで全く駄目でした。そのため売るに売れないので直すことにし、その知り合いの業者にお願いし、大規模修繕をしてもらい、３５０万円くらいかけて直しました。

その後は全てインターネットで、信頼できる大手不動産業者に頼んで売ってもらい、値段も安かったせいですぐに売却できましたし、手続きも済ませました。

次は、我々が住む家を探す番です。これも、インターネットで大企業の信頼できる不動産業者にお願いし、いろいろと探してもらいました。

初めはまず無理と思っていた小田急線沿線でした。何かいろいろと物件があるというので、有休を取って川崎市の方へ見に行きました。１日に10軒近く営業マンと見て回り、希望に近い物件が見つかりました。

築20年くらいの物件でしたが、小田急線の急行が止まる駅から歩いて10分ほどの所で、ちょっとした丘の上にある家です。売主のご主人の突然の転勤で仙台に行くということで、小学生の二人の女の子も帯同で行くとのことで、買う際の問題はありませんでした。その家を購入することでその日のうちに仮契約をしました。

もちろん家族は、その翌週に見に来て、納得してもらってから本契約をしました。家は小さいですが3階建てです。これもアルラーのおかげです。

家族がすぐに引っ越したい、この寒い栃木を一時も早く去りたいというので、自費で引っ越しました。しかしとくに家内の荷物は大変なものでした。2トン・ロングトラック2台に満載でした。その後もたくさんの荷物が宇都宮の家にありました。子供たちのも相当ありましたね。

その後はしばらくしてから毎週、私は家族の荷物を市の処分場や買取りしてくれる店に持って行きました。私のはまだ今まで通り働いていましたので、そのままでしたが。20年も住んでいると、荷物が増えるのは仕方がありませんが、それにしてもすごい量が残っていました。

7人制ラグビー、リエゾン・オフィサー

また話が変わりまして、2012年にいつものようにインターネットを見ていると、日本ラグビー協会の記事があり、ラグビーの7人制の国際大会が初めて東京で行われるとのこと。その時のリエゾン・オフィサー（硬く言えば、通訳&連絡将校。調整役）を一般募集するとのことでした。

この時は、年齢・学歴不問でしたので、私も申し込みましたら、秩父宮ラグビー場の日本協会の事務所まで面接に来てくれというので、もちろん行きますということで、それなりの恰好《かっこう》して、事務所に行き面接を受けました。その時の女性が美人でビックリ。さすが、日本ラグビー協会？（それは置いておいて。）

いろいろ自分の経歴、もちろんラグビー関係と海外での活動内容です。もちろん私は正直に話しました。面談は30分くらいで終わり。この時は、さすがに無理だなと思い、いい経験だったと思いました。すると、約1週間後にメールが来て、採用されることになりました。しかし、担当のチームがなんと「ポルトガル代表チーム」でした。え〜？　私はもちろんポルトガル語はできませんよ、とメールしたら、「大丈夫です。

彼らは英語できますから」ということで、では是非やらせていただきます、と受けることにしました。

嬉しくて、関東ラグビー協会のミニラグビーインストラクターたちにも話しましたが、みなビックリしていました。大丈夫？　できるの？みたいな感じでしたが。そうですね、自分でもそう思いました、その時は。そして、会社にも事情を話し、実働6日間の休みを許可してもらいました。良かった〜。

そして、２０１２年3月の最終週の月曜日に成田空港へ行って、それぞれの担当するチームを迎える所からボランティアがスタートしました。

私も、ポルトガルの7人制ラグビーの代表をお迎えに出ました。彼らは他のチームとほぼ同じ総員14名で、その中にスタッフも入っています。ですが、英語ができる人はチームの最年長の50歳くらいの人のみでした。やはり？

彼らは香港での試合が終わって、すぐに日本に来たので高級ホテル（新宿）に専用のマイクロバスで行きました。もちろん、私も一緒のホテルにチェックイン。自分の

日本ラグビー協会のID

お金ではまず泊まらない高級ホテルに、各国のラグビー代表メンバーが勢ぞろいしました。

今年（２０１６年）の夏のリオデジャネイロで行われるオリンピックの正式種目にもなった７人制ラグビーの知名度アップと、選手たちのレベルアップということで始まった大会です。

今でも毎年行っていますので、ぜひみなさんも応援してください。人数が少ない分、展開が速く、見ていてとても楽しいですので！　選手は15人制と同じグラウンドなので大変ですが、プレー時間が短く、通常15人制は40分ハーフに対し、７人制は10分程度で、どんどん試合が変わって行くので、見ていて大変面白いですよ！

この1週間は感動ものでした。というのも、自分の息子の世代ぐらいでしょうが、ここに来ている人たちはみな国を代表している若者たちなのですから。恰好良い《かっこうい》の一言でした。体は大きくがっちりし、ラガーマンはみなそうですが、実に恰好良いのです。うらやましい限りでしたね。

さて、毎日そのみなさんと食事時間が一緒で、ホテル・バイキングでしたので、普段の生活からか？私は毎回食べ過ぎてかなり太ってしまいました。参った⁉しかも、ポルトガルチームのリエゾン・オフィサーなので、私自身が勝手な行動してはいけませんし、朝から晩まで彼らと一緒にバスに乗り、練習場所へ移動。彼らの練習を見て、道具を運んだり、そして練習後のアイスバスの氷の手配やら、なんやらで結構大変でした。常時日本ラグビー協会から貸与された携帯電話を持っていなければなりませんし。

そう言えば、ボランティアの中になんと栃木県出身の方がいらっしゃいました。その方の実の兄弟が県立高校ラグビー部の監督で、過去に早稲田大学ラグビー部で活躍していて、それもラグビーワールドカップに3回も出場した方です。

今回のボランティアをされているお兄さんは、なんと防衛大学校の教官をされて、建築学博士という方でした。こういう方と私みたいのが一緒に活動していていいのでしょうか？

それはいいのですが、この1週間は初めて尽くしで何かと大変でした。

彼らは当初1日2回の練習と聞いていましたが、実際は1日1回で終わりでした。その後は秋葉原や浅草とか、原宿に連れて行けと言われ、私は運転手さんにお願いして行ってもらいました。ま、彼らにしてみればめったに来れる所ではないですからね〜。仕方がないし、それも仕事かと思い、一緒に彼らのためにできるだけのことはしようと思ってやりました。

そして、かなりの回数、主にトップリーグのグラウンドをお借りして、彼らの練習のために、日本チームや他国のチームと練習試合をしました。日本チームの中には私の好きな選手もいて、ちょっと話し込んだりするのですが、でも、すぐに携帯で呼び出され戻ることになります。とにかく1週間そんな感じで、大変でした。

練習後半のある日、在日ポルトガル大使館に挨拶に行くから一緒に来いと言われ、六本木の在日ポルトガル大使公邸に一緒に行きました。

さすがにすごい豪邸！ 大使始め大使館員の皆様にご挨拶し、後は後ろの方で目立たないようにしていました。中には日本人のスタッフもいて、そういう方たちと話したり、写真を撮ったりです。もちろんポルトガル料理もいただき、とてもおいしかった！

そういえば、日本とポルトガルとは、近隣のアジア諸国やアメリカ合衆国とは全く違い、もっとそのずーっと前から、鉄砲伝来、そして、ささやかながら貿易をしていたのですね。あのザビエルの来日もポルトガル王の要請に応えたものでした。そういう歴史を感じさせる絵が大使館の壁にあり、さすがだなと思いました。

その会合には日本ラグビー協会の理事もいらっしゃいましたので、その当時のH社の名刺を他の日本協会の方々にたくさん配りました（とくに意味はありません。PRでもありません）。

毎日毎日違うグラウンドに行き、練習や試合を見て、まだ3月下旬の寒いなか練習が終わり、大きなバスタブの中に氷をいっぱい入れて、それにみなが入り、その後着替えて、またバスでホテルに戻り、食事というパターンでした。

中には都心のグラウンドで首都高速や一般道が混んでいたり、都心を離れたグラウンドまで時間がかかったりすると、選手たちがイライラしてくるのには参りました。彼らの国には渋滞がない？みたいで、こちらの方が説明するのも大変でした。

以前の国立競技場の階段の下側のトレーニングルームでトレーニングしたり、軽くジョギングしたり、その後千駄ヶ谷駅前の都立体育館のプールでクーリングダウンをしてもらったりしていました。

とにかく自分はそんな高いレベルでないので、クーリングダウンとかもやらなかったので、現在のアスリートはすごいと思いました。私のような時代遅れでは全く使いものになりませんでした。

練習後は、ホテルでほとんどの選手たちが、彼女？や家族にメールをしたりしていましたが、中には部屋の前の通路で携帯やっている人がいたので、ホテルから私に注意してくれと言われました。さすがに、若者ですが自分より大きくて、明らかに強そうな人たちに注意するのは、大変でしたが、そこはラガーメンなので大人しく部屋の中に入ってやったり、ホテルの外に出てやってたりしていました。

ラグビーはレフェリーやスタッフの言うことは絶対なので、そういう点は良かったですね。みな素直で可愛い若者ばかりでしたので、やはり自分がラグビー好きでつくづく良かったと思いました。彼らは国の代表として来ているからかも知れませんが、「自覚」もあるようです。

そして、いよいよ、週末には日本協会主催のウエルカム・パーティーがホテルの大広間で行われました。全員が集合し、日本協会もほぼ全員が集まり、政治家たちも何人か来ました。

ポルトガルのいつも話すマネージャーが、日本協会にポルトガルラグビー協会から記念の盾を贈呈したいので、一番偉い人を紹介してくれと言われ、当時の日本ラグビー協会の会長である元総理大臣M氏の所に行き、タイミングを見計らって事情を話し、盾を贈呈しました。ボディガードもたくさんいるので話しかけるのも大変でした。多くの方が周りを囲んで話しているし。とりあえず任務?を果たしホッとしました。

この日は無礼講というか、みな世界中のラガーマンがいろいろ分散して仲よく話しているので、私も色んな国の人たちと話したりしていました。

例えば、15人制のラグビーチャンピオンのニュージーランドや南アフリカ、イングランドやウェールズとか。拙《つたな》い英語ながら、酔った勢いというか、同じラグビー好きな者同士、世界は一つというか、大きく言うと、こういうのが世界平和に繋がるのではないか、と勝手に思いましたね～。ホントにラグビー万歳。頑張れニッポン⁉

ふと気がついて、ポルトガルチームのテーブルを見ると、ほとんどの若者がいなくなってしまい、マネージャーにみんなはどこ？と聞いてみると、みんなで外へ行ってしまったとのこと。え～？

大丈夫かな？という感じでしたが、マネージャーもほっといていいよ、と言うので、私はパーティーが終わってから、部屋に戻りました。翌日聞いてみると、適当に飲み屋に行ったり、回転寿司屋に行ったとのことでした。他国の人たちと。ま、無事で何より！

その翌日は最終調整で国立秩父宮ラグビー場に行き、私はよく分かりませんが、キャプテンズ・ランという、グラウンドに行ってその芝の状況を見たりして、軽く練習していました。

しかし、とにかくチーム数も多くて、バスを停めるのも大変。遠くでバスを降り、歩いて秩父宮に行ったりしましたが、そのたびにファンの人たちと話したりと、オイオイこっちだよ〜と、まるで中学生・高校生の修学旅行でした。

夜はいつも全員でミーティングをしていましたが、私も聞いていました。よく分かりませんでしたが、これは彼らの言葉、ポルトガル語でサインを決めたりするので、私には分からなかったのでした。

私は日本の思い出に、和紙っぽい紙で作った財布に当時の私の名刺を入れて、全員に渡しました。少しでも日本のいい思い出を、と思って。

２０１２年3月31日土曜日、いよいよ第１回の国際７人制大会が始まりました。さすがに、みな緊張して、いつものラテン民族の陽気さはなく、静かに食事をし支度をしてバスに乗り込み、秩父宮ラグビー場に向かいました。

しかし、この日はひどい天気で強い風に大雨！　観客席にいても飛ばされそうな天気でした。参ったな〜？　でも、選手たちは自分たちの時間になると、きちんと準備して、グラウンドに行っていたのは、さすがでした。他のチームも。さすが、これもラガーメンですね。文句ひとつ言わずに、スケジュールをこなしていました。

私は、時間があればラグビー協会事務所内の食堂、そういう特設会場で飲んだり食ったりしていました。そういうＩＤカードがあったのです。

こうして、世界中の人たちが集まって、ラグビーのトーナメントをするのは、ホントにすごいことですね〜。何度も言いますが、つくづくすごいことだと思いました。みんながラグビーを好きになれば、このように平和になれるんじゃないか、と思うくらいです。もちろん、そういう極論は存在しないと思いますが？

とにかく、この日は何が何だか分からない、ひどい天気でした。その日の夜も各チームはミーティングでどのようなことを話したのかな？　でも、天候だけはどうしようもないですよね。

しかし、その翌日4月1日は、うそのように晴れ渡り天気晴朗です。良かった！

観客席にもたくさんのお客さんが詰めかけました。そして、考えられないくらいの盛況で、世界最強のチームや、地元JAPANチームの時も大変盛り上がりました！この時は成績は今一つでしたが。

でも、みんなホントに一生懸命頑張っているのが手に取るように分かりました。もちろん、この日は私はポルトガル・チームにぴったり付いて、あっちこっちに行って、誰かが新聞社や雑誌社のインタビューをされる時には、通訳に行ったりでとても忙しい時間を過ごしました。

試合が終わって通路を歩いている時も、たくさんの人がサインくださいと言ってきたので、できる限りするように言って、サインしてもらいました。とくに子供たちが多かったので、彼らのためにという感じでしたね。

子供たちにとっては、どこの国の人か分からなくても、とにかく世界中のラガーマンが来て、この日本で試合したのだ、ということが分かればいいと思います。大会は、今も続いているので、これからも是非続けて欲しいと思います。そして、一人でも多くの子供たちがラグビー好きになって、こういう世界を目指してもらいたいと思います。とにかく世界を目指せ！と言いたいのです。

ポルトガルチームもジャパンには勝ったし、とりあえずは無事に終わったので、良かったとのことでした。私はほとんど試合を見られませんでした。

試合が終わると、結構みなバラバラになってどこかに行ってしまうので大変でした。しかも、試合が終わってシャワー浴びている時も、ラテン民族たちは大きな声で歌ったり、音楽を聴いたり、大変でした。うるさい！　でも、それがラテン民族なので、しょうがないですな～。

とにかく、無事に終わって、その翌日の月曜日にホテルをチェックアウトし（私も）、私の費用は全て日本ラグビー協会が支払うので良かったのですが、ポルトガルやアフリカのチームの一部では、国からの支払いがまだの所があり、ちょっともめていた国もありましたが、最終的には無事に大会は終了でした。

翌日は各チームごとにバスに便乗して、それぞれ成田空港に行きました。

結局、彼らとは8泊9日、一緒にいました。成田空港ではオブリガード（ありがとう！）でみなさんとお別れしました。

その時は、また来年と言っていたのですが、その後は私よりもっと優秀な人たちがいるようで、その後は話が来ませんでした。とにかくこれもいい経験になりましたので感謝の気持ちでいっぱいです！

ともかく普段会えない人たちにたくさんお会いできたことは何にも替え難いことでした。元総理大臣にまで会え、名刺ももらったりでビックリでした。それに、日本ラグビー協会のスタッフの方々やボランティアの方々と知り合えたことは最高のプレゼントでした。ありがとうございました！

人生の楽しみ方

その後はまた、北関東の地でそれなりに生きていました。

そう言えば、２０１３年から会社の食堂下の１階にスターバックスがオープンしました。私ら年寄りはあまり行きませんが、若者たちは頻繁に行っているようでした。時代は変わるもんですね～？

私の方は宇都宮で、家族はみんな川崎に引っ越したので、一人暮しにも慣れてきました。もちろん、自炊も始めましたが、これが結構大変です。自分のことなので、しょうがないですな～？

２０１４年に入って、前にも書きましたが、いろいろあってラグビースクールを辞め、その後は放送大学の面接授業を受けに宇都宮大学に週末は通っていました。授業がない時は、家族の残した物を処分するために、毎週末にあちらこちらに持って行きました。たくさんの荷物があって、あ～大変だ～。そんな訳が分からない生活をしていました。

それでも、毎年の恒例の行事には参加していました。

それは、１月に関東ラグビー協会の講習会のための事前研修会です。これは、最近（２０１６年の場合）は山梨県甲府市のある大学のラグビー部のグラウンドとクラブハウスを借りて、勉強会を一泊二日で行っていました。

２月中旬にはこれも最近は千葉県のある大学のラグビー部の場所を借りて行います。この時は、東日本地域のラグビースクールのコーチを招集して、子供たちへの指導方法について講習会を開くのです。これも一泊二日で行っていました。毎年約１００名くらいのコーチが受講します。

遠い所は東北や北海道からもいらっしゃいますので、こちらも真剣にやっています。そうなんです。ただ子供たちにラグビーを教えるだけでなく、大人になって行く過程で、いかに人間的に成長させて活かせるか？　その手段としてラグビーを楽しんでもらいたいし、続けてもらいたいと思い、我々インストラクターが一方的に教えるというのではなく、一緒に考えて盛り上げて行こうとしているのです。

さらに、夏の7月の海の日の前後には長野県菅平高原で、東日本地域や、他に京都や大阪辺りからも菅平高原に来て大会を行い、子供たちのレベルアップを図っています。この時は、私も、公式戦ということで、レフェリングをして、子供たちやコーチを指導したりします。この時も指導する立場なので真剣にレフェリングをします。

そのために、普段からジョギングをしたり、トレーニングしているのです。たとえ、60歳をとっくに過ぎても。

でも、最近の小学5・6年生は、体も大きいし、走るのも速いのでこちらも大変です。インストラクターとして子供たちに追いつけなくては、ラグビーの場合駄目ですので、負けないように、これからも頑張っていきたいと思います。そんな感じです。

こういうのは誰からか言われてやるものではなく、全てはボランティア精神でやっているのです。かかる費用も。

でも、とにかく子供とラグビーが好きなので、生きている限りというか、他のみなさんのご迷惑にならない限り、今後も続けてやっていきたいと思います。そのためには今後も年とっても、日頃のトレーニングやジョギングをやっていきます。

退職と介護問題

さて、仕事の方は、社内の配置転換が多くあり、私の仕事がなくなるというか、立場がなくなって来ました。それと、家内の実家の方が何かと大変になって、この年（2014年6月）に義母《はは》が他界しました。

当然、葬儀をしたのはもちろんでしたが、その後、義父《ちち》が一人暮しになり、普通であればいいのですが、今の年配者に多い、認知症が発症しました。その後が大変に心配になって来ます。とはいうもの、他の家族にはそれぞれの家庭や生活がありますので、同居は無理であり、施設もそんなに簡単に見つかりません。

そういうことで私の名前が挙がり、私もこの時63歳で、H社に勤めて33年、もうそろそろいいかな?という感じで、この年の9月末にてH社を退職することを決めました。

家内の家族の希望もあり、横浜市西部の義父の家が、施設が決まり次第、空き家になってしまうので、そこに入ってくださいということになりました。そして、いったんは退職金で購入した家に住み、義父の入れる施設が決まり次第、横浜の家に入居するということになりました。

会社の方はもちろん、依願退職ということで会社にもお許しをいただきました~。会社というか職場のみなさんには盛大に送別会をやってもらい、宇都宮とはおさらばできました。

それで、とりあえずは一時的に川崎市に住みのんびりして、ハローワークに通ったりしていました。しかし、1週間もすると今までさんざん働いてきたのに、何か手持ち無沙汰でしたし、いずれは働かないと生活も大変かと思い、そのハローワークで何十年振りかの就活をすることにしました。

初めのうち私は二級自動車整備士免許や職業訓練指導員免許などを持っているから大丈夫と思っていましたが、ハローワークの人に何年前に取得しましたか?と聞かれ約40年前ですと言うと、無理ですね~と言われ、それもそうだなと思わざるを得ませんでした。そうです。今走っている車はハイブリッド車や水素で走っているのです。一から始めないと無理ですよと言われ、素直に従いました。

そうこうして、では何か提案してくださいとお願いしたら、マンションの管理人になる講習会があり、15回全て無料でそれを受ければ、仕事を選べるということでしたので、もう、それしかないかな?という感じでそれに決めました。

２０１４年10月から12月初めまで講習会に通いました。講習会は主に川崎駅の周辺の公共施設で行われ、12月初めにホントに会社というか、仕事をたくさんの中から選べて、いくつかの会社やマンション管理会社を受けて、現在の会社に入社しました。

ここは、私は主に代行管理員ということで、ほぼ連日いろいろなマンションに行き、管理人として仕事をするのです。

２０１５年2月から仕事を始めました。全てが今までと違うので、何かと戸惑っていましたが、何カ月か過ぎると、大分一人でできるようになってきました。

義父の施設も川崎市内の施設に決まったので、私が車で送って行きました。２０１5年1月初めに私のみ、横浜市西部に引っ越しました。そこを拠点として仕事を始め、生活の基盤となりました。

今まで自動車関係の会社にいたのでしたが、現在は駅にも近いので車は不要となり、結局車は売却し、バイクというか１２５ｃｃの屋根付きスクーターを、理由《わけ》あって上野のバイク店で購入し、自分で取りに行って乗って帰って来ました。

これまで気がつきませんでしたが、車を持つには膨大なお金が必要なんだ、と思いましたね～。バイクだけだと楽でいいですね～。ほんと。

またまたラグビー

さて、生活の基盤ができたので、横浜の方へ行き、県立公園内のラグビー場でやっているラグビースクールへ行くようになりました。

そこでビックリしました。２０１５年3月から様子を見に行くと、なんと小学生と年少の子供たちが約400名、コーチが150名というものすごい数です。しかも、神奈川県内のスクールは、ほとんどが人工芝ですが、綺麗な人工芝です。もちろん、滑っても熱くならない芝です。すごい。

日曜日の練習も各学年ごとのクラスで、グラウンドいっぱい駆け回ってやっていました。大変な人数でして、ホントにビックリしました。しかも、女の子だけのチームもあるし〜。さすがに、神奈川県ですな〜。

もちろん、現役のコーチは30、40代で若いコーチが多いし、とにかく、ボールのほうが大きいくらいの小さな子供たちも多いのです。親御さんたちも積極的に応援しているし、やはり、そういう面でも神奈川県はすごい!

毎年年末の東大阪市で行われる全国高校ラグビー大会にも、神奈川県代表チームにこのスクールの卒業生がたくさんいるとのことです。今年2016年1月に行われた決勝戦、東海大仰星高校対桐蔭学園もそうです。桐蔭学園のキャプテン始め、半分近くがこのスクールの卒業生とのことでした。

現在の大学のラグビー部やトップリーグにもたくさんの卒業生がいます。以前には考えられないことでした〜。やはり都会はすごいですね〜。

逆に言うと、私のような年寄りは、大人しく後ろの方で見ているのがいいようです。それこそ、危ないことだけ注意する感じで。

まあ、神奈川はラグビーだけでなく他のスポーツもすごいですよね。昨年の全国高校野球大会でも全国優勝したのは、私の地元相模原市にある東海大相模高校です。この高校からプロ野球に直接ドラフトで入っているくらいですから〜。

以前娘が近くのアパートに住んでいたので、その時によく校舎裏にあるグラウンドに行きましたが、体の大きな子たちがたくさんいて、とても高校生とは思えない感じでした。さすがです。毎年すごいですよね〜。

ま、子供たちはそれだけ競争が厳しいでしょうから、大変ですよね。

私は前に書いたように子供たちとラグビーが大好きで、関東ラグビー協会のミニラグビーインストラクターをやらせてもらい、自分としても一生懸命やって、有難いことと思っています。ボランティアは、その名前のように自らの意思の下に行うことなので、全ては自分次第です。誰に言われるまでもなく、自分で自分のことを管理するというか、コントロールするというのは、何事も大変だと思いますが、楽しいことというか、生きがいになると思います。

なにせ、年をとると他人から何か依頼されるということがなくなると思います。他人から何か頼まれるようなことが必要だと思います。それによって、ボケたりもしないのです。

現在は、一人暮しですが、今後も健康的で規則正しく生きて行きたいのです。

あまり偉そうなことをしたり、自慢したいとか思いませんが、みなさんも何か子供たちに伝達するとか、好きなことを多くの人たちとやってみてはいかがでしょうか？ 後は、自分次第で元気に何でもできると思いますので、みなさんも頑張ってみましょう。日本はとっくに高齢社会を迎え、年寄りばかりです。

みなさんも、無理しないように頑張りましょう！

私は、そのボランティア活動のために、仕事をしているようなものです。そういう感じで生きています。というか、昔からそんな感じで生きてきました。で、おかげ様で元気です。

一人暮しとダイエット

以前宇都宮市に住んでいた時に、体重は86キロありました。毎年の成人病検診時にお医者さんや管理栄養士さんからも言われた、生活習慣病への対応、早い話が体重超過による生活習慣病がひどくなるので痩せなさい！と言われ続けました。一人暮しを始める際に一大決心して、頑張ってダイエットを始めました。

そして、86キロが、1年半後には70キロ前後にまで落ちました。しかし、これは決して無理なダイエットをした訳ではなく、ただ、夕食に炭水化物を取らず、軽く済ませることを心がけただけでした。運動やトレーニングは今まで通りにやっています。

初めはダイエットをしても変わりませんでしたが、数カ月経った頃から徐々に変わって来ました〜。その後はどんどん体重が落ちるようになってきました。

すると、ちょっと大げさですが、人生が変わってきました。今まで着ていた洋服がピチピチから余裕が出てきて、自分でもビックリしました。体重が軽くなると身も心

青年海外協力隊シリア隊の同窓会。35、6年振りです！
後列左から３人目が筆者。

も軽くなるという感じで、とても気分もよくなりました。その後の生活習慣病検診時の数字自体も随分よくなってきました。

そういうものですので、ある程度年をとったら体重が増えないようにしましょう～。

再びの青年海外協力隊

話がまた戻って恐縮ですが、２０１５年11月に青年海外協力隊結成50年記念行事が横浜市であり、その後シリアＯＢ・ＯＧが集まりました。

約20名足らずでしたが、なにせ、約

35年振りに会った人たちの中には、全く分からない人たちもいましたが、その中でみな私を見て、「鈴木は変わらないな~」と言われ大変気分が良かったです！

やはり、ボランティア活動をしており、そのために自分でストレッチやジョギングをしているからだと思います。

最後に言いたいこと

ここまで、話が前後し読みにくかったと思います。何せシロートの私が、それこそ思い付きで書いたものでスイマセンでした。

ということで最後に私が言いたいことを書いてみたいと思います。

①日本はすごい国なんだ！

まずは、また私自身の自慢話になるかも知れませんが、私は1日以上滞在した国は31カ国あり、とにかくいろいろな国を見て回りました。中には仕事の出張でなかなか時間がない時もありましたが、とにかく自分の足で見て回り、その国の特徴を見て参りました。

また、その中でどこに行っても、特別な場合を除いて、日本製品の多さにビックリでした。あの巨大な国アメリカ合衆国でも、高価な自動車・電化製品など、ものすごい数がありました。

日本て、すごい国なんだな～とホントに感心しました。

しかし、巨大な国アメリカは、自動車の生産台数も約10倍あります。そうです。有事の際は全て軍事物資を造りだすと、日本の数十倍にもなりますし、アメリカは一番大事な石油が自国で取れます。これが一番のすごいところです。

それとアメリカは日本の約25倍広い国土です。とにかく数字は嘘はつきません。その辺は事実として思ってないといけないと思います。

そういう国と戦争するなんて？と思います。

とにかく日本は前にも書いたと思いますが、海外の国あっての日本です。それもよく理解し、今後の日本のためにも英語、英会話を勉強し、海外の人たちと一人でも多く友達になって日本のために？頑張りましょう！

②次に、海外に行っていろいろ見て回るのには、自分の足で歩きましょう。

日頃から体を鍛えておくことが必要だと思います。もちろん何でも私のようにトレーニングしよう、ではありません。

まずは、ウォーキングのように、気軽にできることから始めてはいかがでしょうか？初めは、5分、10分から、自分で時間を見つけて、少しずつ距離と時間を延ばしていけばいいと思います。

とにかく、時間があれば、ストレッチも含めて体を動かしましょう！
③本を読みましょう。
大学を出てない私が言うのも変かもしれませんが、その私でも暇つぶしで？放送大学に行っていろいろ勉強しています。

ま、なかなか普段ラグビースクールに行っているので単位も取れてないですが（ほんとは大学の本を見ても難しくて分からないので）、とりあえず時間がある時には、本を読んで勉強しています（つもり）。

そんなことでいろいろと知識を広めるのは大切だと思います。みんなさんも頑張ってください。

個人的な意見を簡単に言わせてもらえば、

①外国語のマスター

②体力づくり

③資格や特技を持つこと

がますます必要になってくると思います。

今は、パソコンでインターネットが見られ、何でも、それも世界中の情報が見られるので、私も暇さえあればネットを見ています。そんなことで、私が思っていることを勝手に書きました。

今まで書いたのは、私が勝手に書いたもので、決して深い意味がある訳ではありませんので、私の意見に対し反対意見があっても、それはそれでいいのです。

私は、学者でも専門家でもないので、その辺は誤解のないようにお願いします。ただのおじさんが勝手に見たことを、直感で思ったことを、書いたということですので悪しからず、ご諒承をお願い致します。

私は、子供中心のラグビースクールを一生懸命やっておりますので、一人でも多く、ラグビートップリーグや、これから始まるリオ・オリンピックでの7人制ラグビーの応援、その後のラグビーの応援を宜しくお願い致します。

もちろん、私もいろいろな国の人たちにお世話になり、今まで生きて来れたのです。その全ての人たちにお礼を述べ、世界中が平和になるように、そしてみなさんの幸せを神様に祈りながら、この自叙伝を終わりたいと思います。

みなさん、読んでいただきまして、ホントに有難う御座いました！

2016年　初夏

鈴木博見

著者プロフィール
鈴木 博見（すずき ひろみ）

1951年９月１日神奈川県に生まれる。
私立高校卒業後、県立職業訓練校卒業。
大手自動車会社に勤務した。
会社を休職し、1978～80年青年海外協力隊、
1991年国連ボランティアとして中東で活動。
当時の安倍晋太郎外務大臣より感謝状を授与
される（青年海外協力隊参加による）。

世界を見ずして日本を語るなかれ

2016年９月15日　初版第１刷発行

著　者　鈴木 博見
発行者　瓜谷 綱延
発行所　株式会社文芸社
〒160-0022 東京都新宿区新宿1－10－1
電話 03-5369-3060（代表）
03-5369-2299（販売）

印刷所　株式会社フクイン

ISBN978-4-286-17588-1